Todos los libros de Linkgua Ediciones cuentan con modelos de Inteligencia Artificial entrenados por hispanistas. Pregúntale al chat de tu libro lo que desees acerca de la obra o su autor/a.

Para **ebooks:** Accede a nuestro modelo de IA a través de este enlace.

Para **libros impresos:** Escanea el código QR de la portada con tu dispositivo móvil.

Obtén análisis detallados de nuestros libros, resúmenes, respuestas a tus preguntas y accede a nuestras ediciones críticas generativas para una experiencia de lectura más enriquecedora.
La transparencia y el respeto hacia la autoría de las fuentes utilizadas son distintivos básicos de nuestro proyecto. Por ello, las respuestas ofrecen, mediante un sistema de citas, las fuentes con las que han sido elaboradas.

Gertrudis Gómez de Avellaneda

Espatolino

Edición anotada por la autora

Barcelona 2024
Linkgua-ediciones.com

Créditos

Título original: Espatolino.

© 2024, Red ediciones S.L.

e-mail: info@linkgua.com

Diseño de cubierta: Michel Mallard.

ISBN rústica ilustrada: 978-84-9629-084-6.
ISBN tapa dura: 978-84-9953-137-3.
ISBN ebook: 978-84-9897-807-0.

Sumario

Brevísima presentación

La vida

Gertrudis Gómez de Avellaneda (Camagüey, 1814-Madrid, 1873), Cuba.

Era hija de un oficial de la marina española y de una cubana. Escribió novelas y dramas y fue actriz. Estudió francés y leyó mucho, sobre todo autores españoles y franceses. Tras una corta estancia en Burdeos, vivió un año en La Coruña y después en Sevilla, donde conoció a Ignacio Cepeda, con quien tuvo un romance. Por esta época ejerció el periodismo y estrenó su primer drama. Su creciente prestigio literario le permitió establecer amistad con Espronceda y Zorrilla. Poco después se casó con Pedro Sabater, quien murió tres meses más tarde.

Tras un retiro conventual, la Avellaneda volvió a Madrid y, entre 1846 y 1858, estrenó al menos trece obras dramáticas. Hacia 1853 quiso entrar en la Academia Española, pero se le negó por ser mujer. En 1855 se casó con el coronel Domingo Verdugo, conocida figura política que en 1858 fue víctima de un atentado. Más tarde éste fue nombrado para un cargo oficial en Cuba. Entonces la Avellaneda dirigió en La Habana la revista Álbum cubano de lo bueno y de lo bello (1860).

Su marido murió en 1863 y ella se fue a los Estados Unidos. Estuvo en Londres y París y regresó a Madrid en 1864.

Durante los cuatro años siguientes vivió en Sevilla. Utilizó el seudónimo de La peregrina.

Espatolino es un bandido que actúa en Nápoles y Roma. Tiene agentes y espías que lo mantienen al tanto de los movimietos del gobierno y de la policía, y de las rutas de viajeros. Espatolino es ágil y diestro con las armas. Su nombre es una en leyenda. Pero un día conoce a una bella mujer: Anunziata. A partir de ese momento las cosas cambian dentro de la banda y en el propio Espatolino, quien se enfrenta entonces a un adversario difícil de vencer o controlar.

Espatolino[1]

1   La funesta celebridad que goza el personaje cuyo nombre ponemos por título a esta novelita, nos dispensa de asegurar que no es un ente imaginario, y que muchos de los hechos que vamos a referir son exactamente verídicos.

I

¿Habéis estado alguna vez en Italia? ¿Conocéis aquel país clásico de los héroes, de los artistas y de los bandidos? Si por pereza o absoluta carencia de medios no habéis tenido aún la dicha de recorrer aquella privilegiada región de Europa, no os habrá faltado, por lo menos, uno de tantos libros curiosos como andan por esos mundos, y gracias a los cuales alcanzamos todos la ventaja inestimable de viajar sin movernos de nuestro sitio, mirando y comprendiendo aquel celebrado país, con los ojos y la inteligencia de Madame Staël, de Chateaubriand, de Dumas y de otros infinitos, cuyos nombres sería largo de consignar. ¿Y quién, además, no ha tenido a mano una de aquellas innumerables guías, con cuyo auxilio se logra en pocos minutos conocer palmo a palmo aquella tierra bendita, inexhausta fuente de inspiración para el poeta y para el novelista?

Dando, pues, por indudable que conocéis, tanto como yo misma al menos, la parte del mundo a que intento trasportaros, espero me seguiréis sin ningún género de temor o pena, y aun supongo prudentemente que no me impondréis en toda su extensión la enojosa tarea de Cicerón.

En este concepto, trasladémonos desde luego, lectores míos, al camino de Roma a Nápoles, y descansemos un instante en aquella línea que separa los Estados Pontificios del territorio de la antigua Parténope. Echemos desde allí una rápida ojeada al suelo pantanoso y triste que dejamos a la espalda (y del que pudiera decirse que, cansado de producir grandes hombres, desdeña el fútil adorno de la vegetación), y otra no menos breve a las fértiles campiñas que se despliegan delante de nosotros, y en las que hallaremos toda la lozanía, todo el vigor de la naturaleza, pudiendo apenas persuadirnos que esa tierra, que parece tan joven, conserve la huella de glorias tan antiguas como las que recuerda su orgullosa vecina.

Continuemos nuestra marcha sin volver a detenernos, ni para admirar la pompa de los caminos ni para saludar con religioso respeto aquella torre que atrae nuestras miradas, y donde descansaron las cenizas de Cicerón.

Apartemos la vista de la bella perspectiva que nos ofrece la ciudad fundada por Eneas,[2] célebre a lemas por tantas batallas; y dejemos a un lado las ruinas de la antigua Minturna, a cuya inmediación halló un asilo el joven Mario contra la persecución del implacable Sila. Para acercarnos rápidamente al teatro de nuestra primera escena, preciso es cerrar los ojos, y no distraernos con tantas huellas como aquí han dejado la poesía y la historia: preciso es continuar nuestra marcha y divisar el monte Massico, sin acordarnos de que sus excelentes vinos han sido celebrados por Horacio, ni de que podemos encontrar no lejos de él los vestigios de un magnífico anfiteatro.

Próximos nos hallamos a la nueva Capua, vecina de aquélla, cuyas delicias fueron tan fatales a las tropas de Aníbal, y más adelante descubrimos, coronando una pintoresca colina, el soberbio palacio mandado construir por Carlos III; pero en el que no pararemos la atención por llegar cuanto antes a la tierra de San Elpidio, donde existió en otro tiempo una ciudad de los Volscos.

¿Qué nos falta?... Otra jornada corta y ya estamos en Nápoles, y ya vemos su golfo bordado de islas, entre las que descuella la célebre de Tiberio,[3] que guarda entre sus rocas el maravilloso lago cuyas aguas, arenas y piedras, se adornan con igual pureza del más sereno azul del firmamento; y la feraz Ischia levantándose con elegancia sobre su pedestal de

2   Gaeta.
3   Capri.

basalto; y Procida con su viejo y ruinoso castillo, en otro tiempo tan importante, y donde meditó tal vez el vengativo Juan sus sangrientos horrores de las vísperas sicilianas.

Mas nada de esto debe ocuparnos por ahora: advertid que estamos en el año de 1811; cuando el brazo del coloso del siglo, tendido sobre la hermosa tierra que pisamos, imprime un sello de terror que embarga la facultad de los recuerdos.

Época por cierto lastimosa hemos escogido para visitar tan peregrina región. Doquier hallamos las señales de una política ambiciosa y suspicaz, y en el silencio de las poéticas noches, en vez de los cantos del pescador que tendía sus redes al compás de las estrofas del Tasso, escuchamos las roncas voces de los soldados franceses, que acaso recuerdan todavía los terríficos tonos de la Marsellesa.

Sin embargo, en esta tierra que veis, sometida a un yugo extranjero, respiran algunos hombres libres, indómitos, que vagan a su capricho por todo el país que acabamos de recorrer rápidamente, y por otros que no me propongo designar, bastando aseguraros que su fama es conocida desde las majestuosas selvas de Neptuno[4] hasta el estrecho de Mesina. ¿Quiénes son, pues, me preguntaréis, esos herederos de las glorias romanas; esos fieros vagabundos que, como rocas aisladas, sirven todavía de escollo al poder desbordado de la Francia? Muy sensible es a mi corazón descubriros una triste verdad; pero es un deber de que no puedo eximirme. ¡Esos hombres son unos bandidos! Si queréis conocer al jefe de aquella horda atrevida, no tenéis necesidad de consultar la historia: pronunciad solamente el nombre de Espatolino delante de los poetas italianos, y os inundarán con multitud de versos consagrados a sus funestas hazañas; preguntad también a las mujeres, ya sean de Palestina, de Sorrento o de

4 Estas selvas, cuyo carácter primitivo y poético han encomiado muchos viajeros, se hallan cerca de Roma.

Monteleone, y os referirán a porfía maravillosas historias en que hallaréis amalgamados el ingenio y el crimen, la ferocidad y el heroísmo.

Mas nada preguntéis si queréis ahorraros un trabajo inútil, pues los hechos de que voy a hablaros son tan auténticos que no necesitan testimonio alguno.

¿No veis aquella barca que se desliza suavemente por la azul superficie del golfo, al monótono compás de cuatro remos manejados sin duda por expertas manos?

Parece haber salido de Nápoles con dirección a Portici.

A la suave claridad de la Luna que brilla en toda su plenitud en mitad del cielo de la hermosa Parténope, podéis distinguir sin dificultad las personas que ocupan la barca. Dos de ellas son remeros que solo interrumpen su silencio para dirigirse de vez en cuando alguna palabra insignificante; pero las otras dos (también hombres) parecen empeñadas en una conversación muy viva. El uno, que representa de cincuenta a cincuenta y dos años, mezcla al idioma francés (que usan evidentemente para no ser entendidos de los remeros) voces italianas, descubriendo su viciosa pronunciación que no le es familiar la lengua de que se sirve. El otro más joven se expresa con pureza y facilidad, como quien maneja el idioma nativo. El primero es de pequeña estatura, enjuto de carnes, de aspecto sagaz: su fisonomía y su traje anuncian un agente de policía. El segundo es alto, bien encarado, de mirar fogoso; se distingue por la marcialidad de su porte, y no hay precisión de penetrar bajo su ferreruelo y ver su uniforme, para reconocer a un oficial francés.

—De todos modos, señor Angelo —decía éste, mientras sacudía la blanca ceniza de su cigarro habano—; de todos modos, es una mengua para el Gobierno que a las puertas mismas de las ciudades defendidas por las invencibles armas francesas, se cometan cada día tantos y tan escandalosos atentados por un puñado de forajidos.

—El divino Hijo de María tenga piedad de nosotros —respondió el agente de policía—; pero ¿qué quiere vuestra excelencia[5] que haga un infeliz como yo contra el hombre que así se burla de todo el poder de nuestro invencible dueño, el grande, heroico y virtuosísimo emperador? Espatolino, señor coronel Arturo de Dainville, es un ahijado de Luzbel, que sin duda hizo pacto con su padrino desde los primeros años de su vida, comprando, ¡Dios sabe a qué precio!, su especial e invisible protección. A la edad de veinte años ya tenía nombradía en su funesta carrera, y hace casi otros tantos que crece de día en día la fama de sus abominables triunfos. ¡Oh, señor Dainville, señor Dainville!, el augusto emperador bien puede haber encadenado a su carro todos los númenes del destino; pero no sé si podrá entenderse con los espíritus infernales que protegen al bandido.

—No son los espíritus infernales los que le han preservado hasta ahora —respondió con visos de enojo el militar—, sino vosotros los italianos, que, aunque fingís aborrecerle, inutilizáis cuantos esfuerzos emplea el Gobierno dando aviso de todas sus operaciones al célebre malhechor. ¿Pensáis que se me ocultan los nombres de sus cómplices?

A la luz del día hubiérase visto palidecer el rostro del italiano; pero aunque la macilenta claridad de la Luna le fuese en este punto favorable, notábase el temblor de su voz cuando contestó.

—La Santa Madonna me preserve de poner en duda la incomparable perspicacia de su excelencia, pero, ¿quién se

---

5 En algunos países de la Italia la gente humilde da el tratamiento de excelencia a todos los que por su porte y lenguaje indican una clase distinguida.

atrevería a hacer traición al Gobierno francés, que es tan general y profundamente respetado?

—Os digo que conozco a todos aquéllos que se han atrevido, señor Angelo, y que bien pudiera impedir los caritativos avisos que dan al bandolero, haciéndoles cerrar las bocas con el plomo de las balas.

—Es muy cierto, excelentísimo señor, es demasiado cierto —repuso el agente—, nadie ignora que el valeroso coronel Dainville, pariente y amigo de las muchas y altas personas que ocupan los primeros destinos del reino, goza toda la influencia que merece, y...

—No se trata de mi influencia —interrumpió con impaciencia el francés—, ni la necesito para entregar al Gobierno los culpables cuyo castigo reclama la justicia. Os he dicho y os repito, señor Angelo Rotoli, que si Espatolino se pasea impunemente desde Roma hasta Reggio de Calabria, es por culpa de aquéllos que le sirven de espías cerca del Gobierno.

—Así será, señor valerosísimo, así será —respondió cada vez más turbado al oír el tono significativo del coronel—; no dudo que Espatolino tenga numerosas relaciones en el país, y que advertido de las sabias disposiciones del Gobierno logre inutilizarlas con su astucia y su talento; porque se dice que ese malvado tiene un singular talento, señor Dainville, y aparte de sus comunicaciones con el espíritu malo...

—Dejad los espíritus en paz, y antes que lleguemos a Portici pongámonos de acuerdo como buenos amigos. Sed sincero y veraz una vez en vuestra vida, señor Angelo. Todavía puedo perdonaros pasadas imprudencias, pero si persistís en una disimulación culpable, os declaro que designaré por sus nombres a las personas que favorecen la impunidad de una cuadrilla de asesinos.

Tembló de pies a cabeza el italiano, y pareció combatido entre dos contrarios y poderosos sentimientos; pero venció sin duda el más noble, pues dijo, no sin algún embarazo.

—Yo no sé, excelencia, hasta qué punto sea exacto el nombre de asesino que aplicáis a Espatolino; pues aunque no queda duda en que a sus manos o a las de su cuadrilla, han perecido algunos hombres, no ha llegado a mi noticia ningún hecho que pruebe en él un natural feroz y sanguinario. Se dice que no le faltarán buenas obras que poner en la balanza de sus faltas, y que si los poderosos tiemblan al escuchar su nombre, le bendicen no pocas veces los aldeanos que han perdido su cosecha; pues sabida es la generosidad con que sabe socorrer la miseria.

—¡Con la bolsa que roba en los caminos públicos! —exclamó indignado el oficial—, ¡con el oro que arranca de los cadáveres de sus víctimas!... ¡Excelente modo, señor Angelo, de ser generoso! En fin, el tiempo se pasa, y por última vez os repito que es preciso elijáis entre servir al Gobierno o responder a los cargos que pesan sobre vos, pues estáis acusado de mantener secretas comunicaciones con los bandidos.

—¡Glorioso San Paolo! —exclamó juntando las manos el agente de policía—, ¿quién puede haber dicho tan infame mentira al señor Arturo de Dainville? Todo el mundo conoce en Roma mi conducta ejemplar, y he venido a Nápoles para tomar posesión de ciertos bienes heredados de un pariente, y de una casita que, como sabe su excelencia, he comprado en Portici con el objeto...

—Voto a bríos, señor Angelo, que es abusar demasiado de mi sufrimiento el hablarme ahora de vuestras herencias y proyectos. Nada me importa el motivo que os ha conducido a Nápoles: lo que os digo es que sois agente de policía, y que en Nápoles o en Roma es preciso nos entreguéis a Espatolino.

¡Yo!, ¡yo entregar un sujeto a cuyo nombre tiemblan los más valientes! ¿Cómo he de hacerlo señor Arturo? Vuestra excelencia no ha reflexionado en lo que exige de su humilde criado.

—Mi resolución es inmutable: o entregáis a ese facineroso, o seréis juzgado como cómplice suyo. No me miréis de ese modo, señor Rotoli, ni aparentéis un aire de víctima; pues con nada lograréis destruir la firme convicción que tengo de vuestra culpa.

El italiano fijó en su interlocutor una mirada profunda, como si quisiese penetrar en su alma y medir la convicción que acababa de expresar; pero aunque todo el aspecto del extranjero indicaba la mayor seguridad en su creencia, una sonrisa fugaz aclaró por un momento la turbada frente de Rotoli, que dijo con pausa:

—Habláis de convicciones, ilustre caballero, pero olvidáis que para justificar vuestras amenazas necesitáis algo más que convicciones: necesitáis pruebas.

—Las tengo —respondió fríamente el oficial.

—¡Las tenéis!

—Decid, señor Rotoli, ya que os empeñáis en reducirme al extremo de hablaros con rigor, decid: ¿quién pagó los doscientos luises de oro que debíais al maestro de posta de Civita Vecchia, y por los cuales os amenazaba con la cárcel?

Turbábase más y más el italiano, pero esforzábase por encubrir su embarazo.

—No sé, invicto coronel —dijo—, con qué objeto me dirige vuestra excelencia esa extraña pregunta; pero la satisfaré sin vacilar diciéndole que el maestro de posta de Civita Vecchia percibió de mis propias manos la mencionada cantidad y que tengo su recibo.

—Si el maestro de posta la tomó de vuestras manos no negaréis que a las vuestras llegó por las de Espatolino.

—¡La divina Madonna y el bienaventurado San Carlos me valgan! —gritó con un gesto de doloroso asombro el italiano—. ¿Decís, señor mío carísimo, que fue Espatolino?...

—El que os regaló los 200 luises de oro que pagasteis al maestro de posta, y si deseabais conservar el secreto, no obrasteis con prudencia en maltratar a la persona que tuvisteis por confidente, y que en venganza puede muy bien decir a cuantos gusten escucharle que Espatolino paga vuestras deudas en premio de otros servicios que recibe de vos.

Brillaron con una expresión salvaje los ojos negros de Rotoli, y con una voz gutural y áspera, que más que acento humano parecía rugido de una hiena, dijo torciéndose las manos y abandonando el idioma de que hasta entonces se sirviera, para usar el suyo nativo:

—¡Pícaro infame!, yo le arrancaré la lengua.

Dominose empero, y añadió con tono sumiso y zalamero:

—¿Vuestra excelencia habla tal vez de ese desgraciado Pietro Biollecare, que no puede perdonarme el que haya sido más afortunado que él? Nuestro común pariente, al que pensaba heredar, tuvo el antojo de preferirme y no he logrado aplacar el odio de Pietro contra mí, ni aun con la generosa conducta que antes y después del hecho he observado con él. En mi casa le acogí en los días de su desamparo, señor Arturo, y a mi casa le llamé después que supe ser yo la causa, aunque inocente, de su última desgracia; procurando por todos los medios imaginables hacerle olvidar el malogro de sus esperanzas; pero ingrato a tantos beneficios el desacordado joven, me calumnia por todas partes, desde que le reconvine paternalmente porque tuvo el atrevimiento de poner los ojos en mi Anunziata.

—¿Pietro ama a vuestra sobrina, señor Angelo?

—Veo que vuestra excelencia ignora las infamias de ese tunante —dijo con viveza Rotoli, regocijado al ver que la conversación tomaba otro giro—; imposible parecerá al noble coronel, que un miserable como el tal Biollecare se haya atrevido a levantar su pensamiento a la perla de mi casa; a la hermosa doncella que vuestra excelencia mismo ha encontrado digna de...

—Adelante, amigo, adelante —interrumpió el francés—; nada tiene que ver mis sentimientos con los negocios de Biollecare.

—Estoy en ello, excelentísimo, estoy en ello. Os decía, pues, que ese pobre diablo se atrevió a mirar con buenos ojos a mi perla, y que habiéndole reconvenido por su osadía, se salió de mi hospitalario albergue, calumniando vilmente mi acreditada honradez.

Sonrió el oficial a estas últimas palabras con cierta ironía, que aparentó no entender el italiano, y se disponía a continuar su panegírico cuando aquél le desconcertó diciendo:

—Si Pietro ha mentido al asegurar que recibisteis de Espatolino los 200 luises de oro para el maestro de posta, ¿qué podréis alegar contra el testimonio de una carta que le confiasteis algunos días antes de aquél en que salió de vuestra casa, y que no quiso devolveros?

—¿Una carta dice vuestra excelencia?

—De vuestra letra, señor Angelo.

—Y esa carta, carísimo señor...

—Esa carta dice así; la sé de memoria; escuchad:

Amigo y camarada E... os esperé ayer inútilmente en el paraje consabido; es la primera vez que os puedo reconvenir de inexactitud, y eso me tiene inquieto. Andad con cuidado y procurad verme mañana, pues tengo cosas importantes que comunicaros. Ya sabéis el sitio y la hora de costumbre.
Vuestro.
A. R.

—¿Y por simples iniciales que pueden convenir a cien nombres, asegura vuestra excelencia que esa carta se dirigía a Espatolino?

—Os empeñáis en apurar mi indulgencia, y voto a bríos que habréis de arrepentiros de no ser franco y sincero con un hombre que desea salvaros; sí, señor Angelo, salvaros; pues, os juro por mi espada y por la gloria de la Francia, que no saldréis bien librado si las acusaciones que ahora rechazáis con tanta impavidez llegan a ser conocidas y apreciadas por el Gobierno.

—Cálmese vuestra excelencia y esté cierto de que nada es comparable al efecto, veneración y confianza que inspira a su humildísimo Rotoli. Bien lo pudiera decir mi perla, que no oye en todo el día de mi boca sino elogios del señor Arturo. Verdad es que la linda criatura me estimula con su aprobación, y que es tan vivo el afecto que vuestra excelencia ha sabido inspirarla, que todo el mundo lo conoce.

—Menos yo —observó con amarga sonrisa el extranjero—. Pero en fin, señor Angelo, ¿persistís en negarme que iba dirigida a Espatolino la carta que conserva en su poder Pietro Biollecare?

—No digo precisamente, noble caballero, que dicha carta fuese dirigida a otro que a Espatolino, y en todo caso vuestra excelencia debe advertir que no sería un gran delito en el pobre Rotoli escribir cuatro letras a un antiguo conocido; porque ha de saber vuestra excelencia que ese menguado nació ni más ni menos como vuestra excelencia y como otro cualquiera hijo de mujer, y que la que le echó al mundo era una santa criatura, muy devota de la divina Madonna, y casada legítimamente según la Iglesia romana, con un hombre acomodado que después vino a menos; pero que en la época en que nació Espatolino tenía siempre algunos escudos sobrantes a disposición de sus amigos.

—¿Acabaréis con mil diablos, señor Angelo?

—Perdón, excelencia: era preciso deciros que en aquel tiempo en que todavía no era bandolero Espatolino, yo era amigo de su padre, muy amigo, bien que fuese mucho más joven que dicho sujeto, el cual murió, si mal no me acuerdo...

—Basta, señor Rotoli, basta, pues lleváis trazas de contarme toda la historia de toda la generación del bandido.

—Voy a terminar al instante, carísimo coronel: decía pues que no sería culpa muy grave, que en memoria de la buena amistad que profesé al padre escribiese al hijo, y quisiera verle, con el caritativo fin de apartarle, si posible era, del camino de perdición que ha emprendido. Estudie vuestra excelencia la malhadada carta y comprenderá su sentido. Digo en ella que tengo cosas importantes que decirle: claro está que son importantes para la salud de su alma.

No pudo menos que sonreírse el oficial al oír la explicación de Rotoli; y como al mismo tiempo la barca se detuvo y se encontraron delante de Portici, se dispuso para saltar a tierra limitándose a decir:

—Pensad con detenimiento en cuanto me habéis oído, amigo Rotoli, y mañana id a verme y a darme contestación. Ahora vamos a vuestra casa, pues deseo saludar a vuestra sobrina y saber de sus labios si sois veraz en lo que aseguráis de su afecto a mi persona.

—Vuestra excelencia sabe que la chica es cerril como un gamo montaraz —repuso Rotoli, siguiendo a su interlocutor, que ya estaba en tierra—; pero, ¿quién duda que allá en su corazón?...

—Su corazón es enigma para mí —dijo con cierto enfado Dainville—; pero apresurad el paso, señor Angelo, que es tarde, y quiero volver a Nápoles.

La casa que habitaba el agente de policía, aunque en un sitio extraviado y solitario, ocupaba una situación pintoresca, y al llegar a ella detúvose un momento su dueño para mirarla y admirarla con el orgullo de propietario, diciendo a su acompañante:

—Tal cual la ve vuestra excelencia, no la trocaría yo ni por el palacio de Cellamare.

—Entremos —dijo Dainville dando un golpecito con su mano izquierda en el hombro derecho de Rotoli—, y tened entendido, que si procedéis bien con el Gobierno y vuestra graciosa sobrina alimenta por mí los sentimientos que le suponéis, ella y vos podéis esperar mucho de Arturo de Dainville, y esta casa albergará las personas más felices que existirán en Italia, que seréis vosotros.

—Así lo creo, generosísimo señor, así lo creo —dijo Angelo golpeando en la puerta; pero nadie respondió.

—La pobre chica es medrosa como una cervatilla, y como está sola, se habrá metido en lo último de la casa.

—Hacéis mal en dejarla sola, señor Rotoli.

—No hay que temer, excelencia, porque por estas cercanías no aparece otro bandolero que... ninguno, absolutamente ninguno, señor Dainville.

Sonrió el oficial y dijo:

—No recojáis vuestras palabras, y decid sin rebozo que no suele venir otro bandido que Espatolino, y que de ése nada tiene que temer el amigo de su padre.

Desentendiose Rotoli de la observación, y volvió a llamar repetidas veces en la puerta sin que se interrumpiese el silencio que reinaba dentro, hasta que pegando un fuerte golpe con su bastón, cedió la puerta al empuje y se abrió crujiendo.

—Divina Madonna —exclamó asombrado—. ¡La puerta está abierta y la casa en completa oscuridad! ¡Si se habrá dormido Anunziata!

Sacó fuego, encendió una mecha de azufre y penetró en la casa seguido del coronel; pero estaba desierta.

—¡Glorioso San Paolo! —gritó el agente—, ¡nadie! Ni Anunziata, ni su perro, a quien por amor a mí ha dado el nombre de ¡Rotolini!... ¡Maledetto!, ¡mi perla ha sido robada!

—¡Robada! —repitió con terror el coronel.

—¡Por Pietro! —añadió el agente, como herido de súbita inspiración.

—¡Desgraciado de él! —dijo el extranjero—, ¡desgraciado de él si vuestra sospecha es exacta! Venid, Rotoli, volvamos a Nápoles: la policía...

—La policía no hará nada —dijo Angelo—, ni hay necesidad. ¿Pensáis que el bribón se habrá quedado al alcance de la policía? ¡Ay perla de mi vida! ¡Anunziata!, ¡mi Ángel! ¡Yo te recobraré!, aunque te ocultasen en las entrañas de la tierra. Espatolino sabrá encontrarte.

Estas imprudentes palabras que se escaparon al desconsolado Rotoli en el primer calor de sus sentimientos, no produjeron en Dainville el efecto que hubieran causado en otra cualquiera circunstancia.

—¿Espatolino decís? —exclamó—. ¿Pensáis que podrá ese hombre descubrir el paradero de Anunziata?

—Nada hay oculto para él —respondió con ferviente fe el italiano—, ni existe un rincón en Italia que no conozca, y donde le falten agentes y amigos. Sí, señor Arturo, antes de tres días nos será devuelta Anunziata.

—Pues bien —dijo el coronel, después de un instante de vacilación—, ved a ese bandido, y decidle que si me la restituye... le aseguro su indulto.

Salió al concluir estas palabras, y dirigiose en busca de la barca que debía volverle a Nápoles, mientras Rotoli murmuraba con rápidas y maravillosas transiciones del dolor a la alegría:

—¡Pobre sobrina mía! ¡Pícaro Pietro, tú me pagarás el haber vendido mi secreto! ¡Perla de mi corazón! ¡Traidor, ya caísteis por fin en mis manos! ¡Qué desgracia la mía, Santísima Madonna! ¡La venganza!, ¡qué cosa tan dulce es la venganza!

II

Al siguiente día a las diez de la mañana atravesaba del Mercado (largo del Mercato), y se dirigía a la casa de Dainville, situada hacia el principio de la calle conocida con el nombre de Vico del Sospiro, porque desde ella alcanzaban a ver los reos condenados a la última pena el instrumento del suplicio, que de tiempo inmemorial tenía su asiento en aquella plaza.

Angelo se detuvo un momento mirando el paraje en que era costumbre levantar cuando llegaba el caso aquel signo terrífico de las ejecuciones, y si algún extranjero le hubiese visto entonces preocupado al parecer con un hondo pensamiento, habría imaginado, juzgando por sus propias impresiones, que el corazón del agente se conmovía al recuerdo de las agonías sin número de que había sido testigo aquel sitio formidable, donde en otros tiempos estaba permanente la horca.

En efecto ¡cuántas memorias no puede despertar el largo del Mercato! ¡De cuántos grandes sucesos no ha sido teatro! Allí terminó su acibarada vida la ilustre víctima del inexorable Carlos, el infortunado Coradino; allí también fue inmolado Federico de Austria; allí, en fin, se verificaron las principales escenas de la célebre revolución que tuvo por jefe a aquel hombre extraordinario que en las tempestuosas y últimas horas de su existencia recorrió con rapidez increíble toda la extensa escala de los destinos sociales, desde pescador hasta jefe del Estado.[6]

Y si la imaginación se desvía de las imágenes de lo pasado que la vista de aquella plaza despierta en la memoria, ¿cómo no fijarla en el espectáculo singular que allí presenta siempre una clase excéntrica en la humanidad, extranjera a la civili-

6 Masaniello.

zación, y cuyo retrato pudiera parecernos un capricho de la fantasía a no tener tan cerca el original?

—Los Lazzaroni abundan constantemente en la plaza del mercado, como sitio de los más concurridos, y a todas las horas del día se escuchan allí sus melancólicos cantos.

Sin embargo, no eran aquellos seres únicos en su especie, ni los grandes sucesos que se ofrecían a la memoria los que motivaban la suspensión de Rotoli. El rencoroso italiano coordinaba en aquel instante el plan que debía seguir para satisfacer su venganza, y mirando el sitio destinado al suplicio, con sensaciones de temor y de esperanza, se decía a sí mismo: «¡Si consiguiese ver figurar en él al ingrato Pietro!». «Ánimo, Rotoli —añadía—, el coronel está ciego de amor y de celos, y todo depende de que tengas el necesario talento para hacer que sea en su juicio una certeza absoluta lo que solo es en el tuyo una ligerísima e infundada sospecha.»

Entró resueltamente en la casa del coronel al terminar estas reflexiones, y no tardó en ser conducido al aposento de aquél, que sin duda había pasado mala noche, pues aún estaba en cama y con el rostro algún tanto macilento.

—Y bien, señor Angelo —dijo incorporándose—, ¿qué noticias me traéis de Anunziata?

—Ninguna, ilustre coronel, ninguna que pueda agradaros. Solo sé que su raptor es, como había sospechado, el infame Pietro.

—¿Cómo lo habéis sabido? —preguntó vivamente Arturo.

—Por confesión de su mismo padre, excelentísimo: que sobre flojo e inepto es un viejo infeliz, más pobre que Amán y más tonto...

—Adelante, amigo, adelante por Dios; pues me van pareciendo insufribles vuestras eternas digresiones.

—Vuestra excelencia tiene razón; es una manía que no han podido quitarme todos los esfuerzos de mi perla.

—Acabad lo que ibais diciendo respecto a Biollecare.

—De Biollecare el viejo querrá decir vuestra excelencia, ¿no es esto? Del raptor de vuestra sobrina. Es que con quien yo he hablado es con su padre Giuseppe, el viejo Giuseppe Biollecare, que fue marino en su juventud, después labrador y últimamente no es nada ni tiene sobre qué caerse muerto. ¿No le conoce vuestra excelencia? Es un hombre cargado de años; pero que aún pudiera ganar el pan, si no fuese tan holgazán como su hijo: no es con todo un pícaro como Pietro; ¡eso no!, el viejo Giuseppe pasa generalmente por buen sujeto, honrado, leal y religioso, aunque en razón de su miseria haya contraído algunas deudas y...

—Voto a sanes, señor Angelo, que si continuáis esa maldita relación, os haré echar de mi casa y jamás volveréis a atravesar sus umbrales. ¿Qué diablos me importan las noticias que me estáis dando?

—Perdón, excelencia, perdón os pido con el mayor rendimiento; yo pensaba que escucharíais con gusto los antecedentes que en mi pobre juicio parecían ventajosos a la aclaración del caso que nos ocupa: comprendo ya mi error y seré breve. Sabed, pues, nobilísimo coronel, que aquel buen viejo, que no es capaz de una mentira, y lo mismo su hija María, que parece excelente muchacha, me han dicho con lágrimas en los ojos que el pícaro Pietro falta de su casa hace tres días con hoy. Atended a esto, señor Arturo; ¡tres días! Es decir, que salió de su casa antes de ayer, sin duda para rondar cerca de la mía, acechando el momento favorable de ejecutar su perverso designio, como lo consiguió desgraciadamente en la noche última. El anciano me ha dicho que se llevó consigo su escopeta y su cuchillo de monte; pero que no tocó al poco dinerillo que tenían. ¡Dios sabe cómo se proporcionaría metálico el desalmado!

—¿Es verdad lo que decís, señor Angelo? —respondió Dainville—, mirad bien cómo habláis, pues hacéis nacer en mí tan vehementes sospechas contra ese mozo, que si le calumniaseis...

—¡El bienaventurado San Giovanni me favorezca! —exclamó santiguándose el italiano—. Vuestra excelencia puede ir a ver al viejo Giuseppe y oirá de sus labios cuanto acaban de articular los míos.

—¡Y qué! —gritó con exaltación el francés—, ¿no os habéis quejado ante los tribunales de justicia? ¿No habéis todavía acusado solemnemente al infame raptor?

—Lo he hecho, señor Dainville, lo he hecho; pero poco puede esperar un infeliz como yo, cuando no le protege algún amigo poderoso.

—¡Basta! —dijo Arturo, y echándose fuera del lecho comenzó a vestirse apresuradamente.

Mirábale Rotoli con ojos centelleantes de placer, y allá en sus adentros se decía: «Aquel ingrato va a pagármelas todas; es hombre perdido».

Y luego, como para sosegar su conciencia que acaso no estaba todavía completamente muerta, añadía: «Así como así, él no podía parar en bien. Además nadie puede decir con justicia que yo le haya calumniado, pues cuanto acabo de asegurar es la pura verdad. Mi única falta consiste en haber inventado que anoche Pietro amaba a mi sobrina, y en fingirme ahora íntimamente convencido de que él es un raptor, cuando lo cierto es que no tengo en qué fundar semejante sospecha, y que harto temo encontrar en el verdadero culpable un rango muy superior al de Pietro».

Mientras discurría así díjole Arturo:

—Nada me habéis hablado del hombre en quien fundabais anoche tan halagüeñas esperanzas.

Aproximose Angelo y respondió con misterio:

—Lo he visto, excelencia; lo he visto esta mañana, y según esperaba, me ha ofrecido su auxilio; ¡pero ah!, el pobre camarada no conoce a Anunziata y dice que no recuerda casi nada la figura de Pietro.

—¿No conoce a Anunziata habiendo estado con frecuencia en vuestra casa?

—¡En mi casa, señor coronel!

—Os ruego, amigo Rotoli, que depongáis vuestra habitual cautela, y pues se trata de un asunto que tanto nos interesa, olvidad que habláis con el coronel Dainville, emparentado con personas cuyos cargos públicos os amedrentan; así como yo olvido que es un bandolero el hombre que os permito mencionar en mi presencia.

—Hablo a vuestra excelencia con toda la franqueza que me inspira su indulgencia, que no se desdeña de oír el nombre del pobre proscrito; pero es muy cierto que jamás, que yo me acuerde al menos, he visto a Espatolino en mi casa. No quería yo, señor Dainville, que sospechase mi perla que yo tenía la menor comunicación con el terrible sujeto a cuyo solo nombre temblaba la pobrecilla como la hoja de un árbol azotado por el viento, y hasta hoy no conocía el bandido la existencia de mi perla. No pocas veces me había dicho que aseguraban gentes del país haber visto en mi casa una linda mujer que era mi hija o mi sobrina; pero se lo negaba constantemente, pues excepto vuestra excelencia no quería yo conociese ningún hombre el peregrino tesoro que guardaba en mi casa.

—Celebro vuestra prudencia —dijo Arturo—, pero quisiera saber todo lo que os ha dicho Espatolino respecto al encargo que le hicisteis de descubrir el paradero de Anunziata.

—Me dijo que haría cuanto posible fuera, aunque tenía la gran desventaja de no conocer ni al robador ni a su víctima.

—¿Nada más os dijo?

—Nada más —respondió balbuciente y algún tanto turbado el agente de policía.

Su turbación nacía de que callaba la parte más interesante de su conversación con el bandido. Espatolino le había asegurado que a cierta hora de la noche que convenía admirablemente con aquélla en que se descubrió la desaparición de la doncella, algunos de sus compañeros que vagaban por las cercanías de Nápoles hacia el lado de Resina, habían visto pasar varios hombres a caballo escoltando a una mujer que al parecer no iba por gusto suyo en aquella compañía; que los ladrones no se habían atrevido a asaltarles viendo la superioridad del número; pero que pocos minutos después aparecieron en la misma dirección otros dos hombres montados, y detenidos por ellos al instante, dijeron ser criados de un rico caballero hacendado en Resina y Puzzol, al cual iban siguiendo. Según la relación de Espatolino, no se limitaron a éstas las explicaciones que de boca de aquellos hombres obtuvieron sus compañeros, pues también supieron que ignoraban dichos criados quién fuese la dama que acompañaba su amo; que no conocían mujer ninguna en su familia, y que aquélla con la cual se dirigía a Puzzol no había estado en su compañía hasta aquella noche.

Tales datos no hubieran sido sin embargo de gran valor, a no mediar una circunstancia, que si la ignoraba el bandido la conocía perfectamente Rotoli, y era que hacía algunas semanas conoció a la doncella un noble y rico señor, en unas fiestas de Ischia, y que desde entonces le había visto Rotoli vagar algunas veces por los alrededores de su casa, atisbando las ventanas de la habitación de Anunziata. Dicho señor tenía casas en Resina y en Puzzol, como de su amo habían dicho los dos criados a los ladrones, y el agente de policía, apreciando debidamente tan vehementes indicios, se guardó bien de comunicarlos a Dainville, cuyas sospechas le convenían hacer recaer sobre el infortunado hijo de Giuseppe.

Acabó de vestirse el coronel, y salió con Rotoli resuelto a no perdonar medio alguno para descubrir el paradero de Pietro. En efecto, los más activos gendarmes se repartieron aquella misma mañana en diversas direcciones, después de pedir al agente puntuales señas de la víctima, y sus diligencias fueron tan eficaces y felices que en aquella noche fue capturado el infeliz Pietro en una fonda de Marigliano, y al día siguiente se vio en la presencia de Arturo; pues habiendo comprendido el grande interés que tomaba en aquel asunto el joven coronel, se apresuraron los gendarmes a darle un irrecusable testimonio de su activa diligencia en servirle.

Estaba Rotoli con el militar francés cuando fue presentado a éste, atados entrambos brazos con gruesos cordeles, el mozo Biollecare, cuyo rostro expresaba la más violenta desesperación.

—¡Desventurado! —le dijo con severo acento Arturo—, después que por su orden se hubieron retirado los gendarmes. ¿Pensaste que tu crimen quedase desconocido o impune? Cuando te cubrías delante de mí con una máscara de honradez y acusabas al hombre bajo cuyo techo halló un asilo tu vida vagabunda, ¿esperabas engañarme tan completamente que cerrase los ojos a las evidentes pruebas del atentado que meditabas?

Hizo una breve pausa durante la cual apenas respiraba Rotoli, temiendo que el acusado alcanzase a producir razones o pruebas que le disculpasen, pero Pietro continuaba turbado, afligido y mudo, con toda la apariencia de un reo convicto.

—Sí, pérfido —prosiguió el coronel—, existen testimonios de tu crimen, que harían inútil cualquier subterfugio que te dictase tu sagacidad, y si de algún modo puedes excitar mi compasión y moverme a emplear mis esfuerzos en hacer menos dura la sentencia que en breve habrá de lanzar contra ti un tribunal severo, solo lo lograrás por medio de la sincera confesión que aquí pronuncies.

Las esperanzas que le prestaban estas palabras parecieron reanimar el abatido ánimo del reo, que levantando los ojos, que mantuviera hasta aquel instante fijos en el suelo, los clavó en Arturo con notable expresión de tristeza y de arrepentimiento.

—No es mi intención negar nada —dijo entre sollozos—, pues adivino que ha sido mi hermana la que me ha delatado a la justicia. Bien me amenazó con hacerlo; pero yo creía que solo hablaba así para apartarme de mi idea, y ahora mismo que esto viendo su traición... pero yo se la perdono. La pobre chica es tan virtuosa, que creería un deber suyo el declarar mi culpa, y esto debe recomendarla mucho con las gentes honradas que ejercen la justicia. Solo quiero decir su excelencia el señor Dainville, que mi padre es tan bueno como María, y está de todo tan inocente como el día en que nació: por eso la justicia al castigarme debe compadecer al pobre viejo que nada sabía de mi culpa y que harto dolor tendrá cuando mire mi castigo. Esto es todo lo que puedo decir al señor coronel, y esto diré al tribunal, pues repito que nada niego y me abandono a su justicia.

Al escuchar tan completa confesión de un delito de que él mismo, siendo su acusador, le creía inocente, estregose los ojos Angelo creyendo que soñaba, y abriéndolos extraordinariamente los clavó con sorpresa en el hijo de Giuseppe, mientras decía en su interior: «¡Si habré acertado por casualidad! ¡Si lo que creía una invención del odio, sería una inspiración de la verdad!».

Menos sorprendido Arturo, dijo al preso:

—Haces bien en no intentar una negativa inútil; pero no basta que confieses el hecho: es necesario devolver al instante la prenda tan villanamente robada.

Entonces fue Prieto quien abrió los ojos con el aire de quien se esfuerza para comprender.

—¡La prenda robada! —repitió dos veces—. Vuestra excelencia ha sido sin duda mal informado —añadió moviendo la cabeza—. Aquí descubro una mentira que no puedo dejar pasar. No aseguro a la verdad que ellos no hayan robado una prenda, ni aunque fueran mil; pero protesto que no he tenido parte. Desde el momento en que logré reunirme con ellos, el capitán me encargó la comisión de ir a Nola y a Marigliano a llevar ciertas cantidades de dinero a unas pobres familias que protege. Por cierto, señor excelentísimo, que no podré olvidar la confianza que me dispensó, y que lloré de gozo cuando me dijo estas palabras: «Aunque eres nuevo entre nosotros, te creo un buen muchacho, y si por desgracia no lo fueras, esta prueba nos libertaría del deshonor de tener un pícaro en nuestra compañía. Porque quiero darte ocasión de manifestar lo que eres, y por la mayor seguridad con que puedes entrar y salir en las poblaciones, te escojo para desempeñar esta comisión; cuando la hayas terminado, ven a buscarme en este mismo sitio, y si en él no estuviere, aguárdame». Obedecí, señor Dainville, y cuando los gendarmes me prendieron en la hostería del Oso Blanco de Marigliano, ya iba a salir de aquella población para volver a juntarme con Espatolino. Ésta es la verdad, y mintió quien dijo que yo robé prendas a nadie: que harto culpable soy con lo que he hecho sin necesidad de que me inventen delitos que todavía no he cometido.

Había en el aspecto y tono del mozo un carácter tan solemne de sencillez y verdad que hubiera sido imposible desconocerle. Arturo comprendió que había hallado un culpable, pero no el que buscaba, y que si bien la revelación que acababa de oír empeoraba la causa de Pietro, probaba su perfecta inocencia respecto a la culpa que se le había imputado.

Por una de aquellas extravagancias tan comunes en el corazón humano, en vez de atenuarse la ira del militar contra el pobre reo, pareció cobrar mayor violencia; pues destruida en un instante la esperanza lisonjera de recobrar su querida, la desesperación de Arturo no encontró otro objeto más próximo en quien derramar su amargura que el infeliz que acababa de disipar un error que le había halagado.

—¡Cómo, monstruo! —exclamó—, ¿eres un agente del feroz Espatolino? ¿Perteneces a la horda de asesinos que tiene aterrorizada la Italia?

—¡Perdón, nobilísimo señor!, ¡perdón! —respondió todo trémulo el hijo de Giuseppe—. Puesto que vuestra excelencia sabía mi delito y que mi sincera confesión y mi suerte deplorable y mísera me hacen merecedor de alguna clemencia...

—¡Basta! —dijo secamente Dainville—. Hola, Rotoli, llamad a los gendarmes para que conduzcan a este hombre a la cárcel, y que sea informado de su crimen y de su captura el juez a quien compete. Nada tengo que ver con esta causa —prosiguió volviendo la espalda al desdichado que le miraba con ojos suplicantes, puesto que el reo ignora o finge ignorar el paradero de Anunziata, única revelación que pudiera salvarle.

—¡Que pudiera salvarme! —exclamó Pietro con ansiedad dolorosa—, ¿decís, noble señor, que aún puedo salvarme? ¿Lo habéis dicho, no es cierto?

—Sí —repuso el coronel—, pero es preciso que sepa yo antes en dónde se encuentra la sobrina de Rotoli.

—¡En dónde se encuentra! —repitió Pietro con el aire de la ingenua sorpresa—. ¡Pues qué!, ¿no lo sabéis?

Y después de un minuto de reflexión fijó los ojos en Angelo y le dijo con el más rendido acento:

—En nombre de la Santa Madonna, señor Rotoli, decid, dónde está vuestra sobrina, si es que ya no la tenéis en Portici. Ya habéis escuchado que el señor Dainville me da esperanzas de salvación; y no, no sois tan malo ni me aborrecéis tanto que queráis negarme todo auxilio y condenarme a la muerte. Tened piedad de mí, señor Rotoli, ved que no soy un malvado. ¡Ah!, si he cometido una culpa, Dios sabe por qué lo hice. ¡No conocéis lo que es la miseria!... ¡el hambre!... Compadecedme, señor Angelo, y si es que habéis escondido a vuestra sobrina, decidme por Dios dónde.

El desorden, la sencillez y la verdadera angustia con que había sido pronunciado tan extraño ruego, hubieran persuadido contra los más fuertes indicios la inocencia de Pietro en el robo de la doncella, y tan penetrado de ella quedó el coronel, que sin dirigirle ninguna otra pregunta repitió la orden de conducirle a la cárcel.

Obedeciole Rotoli disimulando mal su complacencia; pues hallar reo de tan mala causa a su enemigo era un bien superior a su esperanza. La casualidad le proporcionaba satisfacer cumplidamente su venganza, y casi se persuadía de que el cielo mismo estaba interesado en ella.

El preso salió de la casa de Arturo en medio de los gendarmes, y el implacable Angelo marchaba a su lado, recreándose con las demostraciones de dolor que se le escapaban.

—¡Mi pobre padre! —decía entre sollozos—, morirá de pesar si me condenan a muerte. ¡Pobre viejo, que cifraba su orgullo en la honradez de sus hijos!... ¡pero era tanta su miseria!, ¡y mi triste hermana sin un pedazo de lienzo con que cubrir sus carnes!... Por ellos, por ellos y no por mí determiné hacerme bandido: condenar mi alma para adquirir dinero. ¿Y habré de morir como un facineroso sin tener el consuelo de que logren algún provecho de mi culpa? ¡Pobre, pobre Giuseppe!, más le valía haberse muerto de hambre como mi desdichada madre.

Rotoli pareció algún tanto conmovido oyendo tan sentidas lamentaciones, y dijo muy bajito al desconsolado reo:

—Has sido ingrato conmigo, Pietro, pero no puedo olvidar que en otro tiempo fui tu amigo, y que tu anciano padre es un excelente sujeto que en días más felices para él tuvo ocasión y voluntad de prestarme algunos ligeros servicios. Soy agradecido y te compadezco.

—¿Podréis salvarme? —preguntó vivamente el mancebo.

—Lo deseo —respondió con cautela el agente—, y no me parece imposible. ¡Calma, calma, amigo Biollecare! Calma y disimulo —prosiguió al notar los gestos de júbilo que hacía el preso—. Yo haré por ti cuanto esté en mi mano y me valdré del notorio ascendiente que ejerzo en el ánimo del coronel Arturo para interesarle en tu favor.

—La divina Madonna y el bienaventurado San Giovanni os lo pagarán en el cielo, señor Angelo —dijo con acento trémulo de emoción el hijo de Giuseppe—. Ahora conozco que he sido injusto con vos, y que merezco por ello los sinsabores que estoy pasando.

—No es tiempo de pensar en tales cosas —dijo Rotoli—, estamos ya próximos a la cárcel, y antes de separarnos quiero decirte lo que te conviene hacer para mejorar en lo posible tu causa. Pero dime ante todo, hijo mío, ¿tienes contigo algún papel que pueda perjudicarte? porque te advierto que serás escrupulosamente examinado al entrar en la prisión y que un documento escrito que probase tu complicidad con Espatolino, te haría indudablemente más daño que todas tus imprudentes confesiones en presencia de Dainville.

—No tengo papel ninguno —dijo con candidez el joven.

—Francamente, ¿no tienes contigo ningún escrito?

—Aguardad, ahora recuerdo que en el bolsillo derecho debo tener una cartera de piel, y en ella una carta de mi hermana que recibí estando en Ischia hace algunas semanas.

Me rogaba la enviase algunas monedas de las que suponía producto de la pesca, porque nuestro padre estaba enfermo; pero la pesca fue mala y...

—Bien, bien —interrumpió Angelo—, nada importa que vean esa carta; pero repasa tu memoria, Pietro: ¿no tienes absolutamente ningún otro papel?

—Ninguno... ¡Ah, sí! Tengo también aquella carta vuestra a Espatolino, que en mi ciega ira contra vos no quise llevar a su destino ni devolvérosla. Creyendo que erais mi enemigo, la guardaba como un arma contra vos; pero os juro, señor Angelo, que hace tres días que no me acordaba de ella.

Animose extraordinariamente la fisonomía de Rotoli.

—Esa carta —dijo— te puede ser perjudicial, pues, cuando el Gobierno solo vea en mí un culpable como tú, mal podré alcanzar el crédito que necesito para salvarte.

—Pero, ¿no podréis sacar con disimulo la cartera de mi bolsillo? —exclamó con ansia Pietro.

—La noche está oscura y los gendarmes llevan entre sí una conversación tan viva que no se cuidan de nosotros.

—¿Lo creéis así? ¡Si pudiera escaparme!

—¡Imposible! —exclamó Rotoli, agarrándole por un brazo—; pero puedo sacar la cartera. ¿Dices que en el bolsillo derecho?

—Sí, ahí, ahí mismo donde ponéis la mano.

—Chist, ya la tengo; ¡aquí está!

—Dios os lo pague, señor Rotoli —dijo el hijo de Giuseppe, y el agente le miró con inexplicable expresión.

Llegaron en esto delante de la cárcel, y el pobre mozo comenzó a temblar como un azogado.

—¡Ánimo! —le dijo Angelo—, espero que pronto nos volveremos a ver.

Prorrumpió en llanto el mozo, y entró en la sombría morada en medio de los gendarmes, que le dirigían groseras chanzonetas, mientras el agente de policía, guardando en su pecho la cartera, murmuraba con infernal sonrisa:

—¡No le creía tan necio! ¡El insensato no se ha reservado ningún recurso!

III

Era una noche de las más poéticas que pueden gozarse en la hermosa Parténope. Una de aquellas noches en las que el pensamiento no se eleva al cielo, porque lo encuentra en la tierra; en que el placer físico que producen la calma, el claroscuro, los perfumes, la suavidad del ambiente, la belleza apacible de la naturaleza en reposo, nos apegan al suelo sin oprimirnos ni esclavizarnos; permitiendo al espíritu y a la materia asociarse más estrechamente, confundirse por completo para gozar de la vida en toda su plenitud. Una de aquellas noches, en fin, en las que se siente una comunión de amor entre el cielo y la tierra, y parece que circulan por el aire suspiros de deseos y palabras de esperanzas.

La Luna acababa de aparecer: todo estaba tranquilo en las pintorescas riberas del golfo de Puzzoli, y la linda ciudad parecía dormida al blando murmullo de las sosegadas olas. Sin embargo, aún era bastante temprano para que las personas más aficionadas a los encantos de la naturaleza que a los atractivos de la sociedad pudiesen salir de sus casas y pasearse por la playa, disfrutando a un mismo tiempo de la vista de la tierra, del firmamento y del mar.

Las almas entusiastas en quienes nunca se debilita el prestigio de los grandes nombres, por más que caiga sobre su memoria el polvo de los siglos, se dirigirían sin duda con preferencia al lugar en que se ven todavía las venerandas minas de la casa de campo de Cicerón; mientras otras más filosóficas irían a meditar sobre las locuras del orgullo humano cerca de los miserables restos de aquel famoso puente de Calígula, origen de tantos desastres.

Nosotros, empero, no nos detendremos en éste ni en aquel sitio: veremos pasar las barquillas que en diversas direcciones se deslizan por el azulado golfo, sin parar en ellas la atención, y entablaremos conocimiento con dos personas que han llegado, costeando, al monte nuevo, local del antiguo lago de Lucrino.

Son nuestros personajes un hombre y una mujer, que se pasean asidos del brazo y gozando con embeleso, según parece, de los encantos de tan serena noche. Ningún camino puede ser largo para gentes que se muestran tan complacidas de andar juntas, de admirar juntas, y de juntas detenerse para expresar sus sentimientos bajo la espléndida bóveda de aquel hermoso cielo, con miradas de placer y palabras de ternura.

El paraje en que se hallan no les parece, sin embargo, digno teatro de su mutua felicidad, pues desviándose de sus moles de piedra van siguiendo despacio la ruta que conduce a aquel lago célebre, consagrado por los antiguos a los dioses del infierno, pero que en nuestros días no sería indigno asilo de divinidades más benignas. El averno se ha trasformado completa y ventajosamente; sus umbrías y deliciosas orillas, que conservaron por mucho tiempo fama de mortíferas, atraen hoy, con la benéfica suavidad de su ambiente, al poeta que acude buscando inspiraciones y al pescador que nunca se aleja descontento de ellas.

Los dos personajes que habían tomado aquella senda, iban entretenidos en grato coloquio; mas antes de instruir al lector de su conversación, podemos hacer en pocas pinceladas el retrato de ambos.

Era él de aventajada talla, y su ferreruelo azul no impedía se echasen de ver las buenas proporciones de su cuerpo. Su traje, según podía inferirse de la parte visible, no se diferenciaba mucho del común de los marineros; pero veíase brillar en su cintura un primoroso puñal, de empuñadura de oro. Llevaba en la cabeza una gorra de paño que apenas coronaba su profusa cabellera negra, que sombreando una frente anchurosa y grave, templaba la fogosidad de sus grandes ojos de color indefinible.

A la luz del día se hubieran notado en el semblante de aquel hombre las huellas que imprimen los años y las desventuras; pues aun visto con la favorable claridad de la Luna podía advertirse que sus varoniles facciones carecían ya de aquella frescura intacta de la primera juventud, y que había en su fisonomía un no sé qué de triste y austero, que hacía nacer la idea de que no se albergaban en su alma afectos dulces y recuerdos gratos, que pudiera el rostro reflejar.

Con todo, en el momento que hemos escogido para pintarle era evidente que le animaban sentimientos tiernos, pues su brazo derecho apretaba suavemente el izquierdo de su compañera, y apartándole con la otra mano los rizos que la brisa la arrojaba al rostro, parecía embelesado en la contemplación de sus facciones, alumbradas por aquel astro tan propicio a la hermosura. La de aquella mujer no era, sin embargo, de primer orden, aunque hubiese mil gracias en su figura meridional, no menos voluptuosa que expresiva. Sus años no podían exceder de veinte, y su vestido era el mismo de las aldeanas de Portici, aunque de tela superior.

Un hermoso perro maltés seguía a esta desconocida pareja, cuyo coloquio cobraba mayor animación a medida que se prolongaba.

—Hace dos horas —decía el hombre—, que me diriges, entre las más lisonjeras protestas de cariño, palabras oscuras y tristes que en balde me afano por comprender. Explícate, Anunziata; ¿qué quieres decir con esos acentos melancólicos lanzados en medio de nuestra felicidad?

Su voz, aunque llena y varonil, se prestaba sin esfuerzo a las más dulces inflexiones de su lengua musical. La joven respondió:

—No quiero negarte por más tiempo, Giuliano, que un pesar invencible me oprime en estas horas de delicias.

—¡Un pesar!, ¡tú, mi Anunziata!, ¡tú, mi ángel!

—Me amas y te idolatro —repuso ella—; pero cuando consentí en huir contigo de la casa de mi tío, pensaba que tu nacimiento oscuro y tu pobreza extrema serían un obstáculo a nuestra unión, recelando que Rotoli nos negase su consentimiento.

—Es verdad.

—Me habías dicho que eras un pescador de estas riberas y te creí, Giuliano.

—Y bien, Anunziata, ¿te arrepientes acaso?

—¡Ah ingrato! —dijo ella—, ¿por qué me engañaste?

Un ligero temblor agitó el brazo en que se apoyaba la sobrina de Rotoli. «¡Anunziata!», fue lo que pudo articular su amante, y en tono en verdad más desabrido que apacible.

—Un pescador que vive de su humilde oficio —continuó ella—, no prodiga el oro como te he visto hacerlo; no se alberga en casas como la que ocupamos en Puzzoli; no es acatado en las fondas en que descansa como tú lo fuiste en Resina... En fin, Giuliano, sé que este nombre que te doy no es el tuyo.

—¡No es el mío! —repitió con voz alterada su interlocutor.

—Esta mañana el hombre que se dice dueño de la casa que habitamos creyó que estaba solo contigo, y deponiendo al punto la fingida familiaridad con que te trata en mi presencia, te habló con respeto y articuló un nombre que no fue Giuliano.

—¿Cuál fue, pues, desdichada?

Esta exclamación se hizo en un tono que amedrentó a la doncella.

—¡Santísima Madonna!, ¿qué tienes, querido mío? Me causas miedo.

Sacudió la cabeza el hombre y se mordió los labios, como si experimentase a la vez un aumento de impaciencia y el deseo de moderarla.

—¿Dices que no es mi nombre Giuliano? —pronunció suavizando su acento—. ¡Bien! ¿Cuál es, pues, el nombre que escuchaste?

—No le oí —respondió ella—, porque hiciste un gesto por el cual comprendió el otro que yo estaba cerca, y la prisa que se dio en llamarte Giuliano me hizo conocer que habías ahogado en sus labios el nombre verdadero que iba a proferir.

—¿Y es el nombre lo que ama en mí la sobrina de Rotoli? —dijo con agitación Giuliano.

—No por cierto; pero te amé con un nombre humilde: te amé pescador y pobre, y temo que tu posición en el mundo sea distinta de la que aparentabas.

—¡Mi posición en el mundo!, ¿y qué te importa?, ¿qué tienes que ver con ella?

—¿Qué me importa? ¡Pues qué!, ¿no me juraste hace cuatro días, al sacarme de la morada de mi tío, que serías mi legítimo esposo? Y si eres un rico caballero, ¿querrás unirte a una pobre doncella desvalida, sin bienes, sin nobleza... sin nada, Giuliano?, ¿ni aun una madre que la acoja en su seno cuando tú la deseches del tuyo?

Al terminar estas palabras prorrumpió en amarguísimo llanto, y conmovido su amante, la ciñó con sus brazos y la dijo:

—Escucha, Anunziata: sea el más poderoso monarca del orbe, o el más despreciable mendigo, soy tuyo para siempre. Pronto iremos a una ciudad en la cual podré recibir tus promesas al pie del altar, y desde este momento yo te juro por ti, a quien adoro sobre todas las cosas, que tu voluntad solamente tendrá el poder de separarnos.

La joven le miraba sin pestañear con sus grandes ojos húmedos todavía, reteniendo sus sollozos para no perder una sílaba de aquellas palabras halagüeñas que llegaron todas a su corazón.

—No mientes ahora —dijo—, no se acompañan con ese acento y esa mirada las mentiras que Dios aborrece. ¡Esposo mío!, yo te creo y te amo.

Continuaron su marcha: ella no volvió a llorar; su rostro agradable y expresivo brillaba de amor y de esperanza, y los más tiernos nombres salían de sus labios purpurinos y frescos, que parecían brindar un dulce beso, pero él no se apresuraba a acercar los suyos. Había perdido súbitamente su alegría; su rostro estaba sombrío, sus palabras eran breves e inconexas.

Notolo al fin la doncella, y dijo:

—Esposo mío, ¿estás enojado con tu Anunziata?

Sonrió con tristeza Giuliano, y solo respondió con una caricia.

—¿Quieres que te hable de los primeros días de nuestro cariño, Giuliano? Escucha: era una noche hermosa como ésta; yo cantaba en mi ventana y vi la gentil figura de un hombre al frente de mi casa. Tenía un ferreruelo azul: ¡éste!, pero en vez de esta gorra de paño llevaba un gran sombrero que casi le cubría la cara. Su talle era noble, sus ojos brillaban en la oscuridad como dos luceros: ¡he aquí aquel talle! (y le ceñía con sus brazos), ¡he aquí aquellos ojos! (y los besaba).

—Sí —respondió Giuliano—, entonces oí por la primera vez tu voz, más grata a mi oído que el murmullo del agua al viajero sediento. No había visto tu rostro, pero le adivinaba, y desde aquella noche te amé, Anunziata.

—¡Cuán dulces eran los largos coloquios que teníamos en la ribera! Y cuando la presencia de Rotoli me impedía acudir a la cita, ¡cuánto te agradecía que fueses a colocarte al frente de mi habitación y tirases conchitas a mis ventanas! ¿Te acuerdas cómo enseñé a Rotolini a que te llevase mis cartas en la boca? El pobre animal te conocía mejor que yo misma, y a veces me advertía tu llegada con aullidos, que hacían rabiar a mi tío. También recuerdo cuando tuviste celos del coronel Dainville porque le veías entrar en mi casa.

—Una palabra tuya bastó para sosegarme.

—Es verdad, te dije, que su amor me fatigaba y que no tenía ya un corazón que darle. ¡Ay! ¡Pero cuánto he padecido cada vez que te ausentabas!, ¡qué días tan largos los que pasaba lejos de ti!, ¡cuánto lloraba por las noches cuando nadie me veía! Ya no volveremos a separarnos.

—¡Nunca, vida mía, nunca! Pero al traer a mi memoria la noche feliz en que escuché tu canto divino, ¿no pensaste en que ibas a despertar el deseo de volver a oírle? Canta, Anunziata, canta aquella letra que hizo palpitar de ternura un corazón de acero.

—He aquí el lago Averno —dijo ella—, sentémonos sobre estas piedras, al pie de este edificio arruinado: no importa que haya sido templo de Plutón; esta noche lo será del amor.

Y reclinada sobre las rodillas de su querido, cantó con hechicera voz estos versos de Metastasio:

Amo te solo; te solo amai:
tu fosti il primo, tu pur sarai
l'ultimo oggetto che adorerò.

Los céfiros esparcían sus dulcísimos conceptos, y Giuliano la dijo:

—Prosigue tu canto, tu canto sosiega las tempestades de mi alma.

Ella cambió de música y letra, y cantó con expresión:

Fosca nube il sor ricopra,
o si scopra il ciel sereno,
non si cangia il cor nel seno,
non si turba il mio pensier.
Le vicende della sorte
imparai con alma forte,
della fasce a non temer.

—¿Tendrás esa fortaleza? —exclamó Giuliano—. Si el destino fatal que me acosa llegase a alcanzarte, ¿sabrías soportarlo sin cobardía? ¿No se mudaría tu corazón si vieses en tu amante un ser desventurado, cuya alma enferma pudiera contagiar la tuya tan hermosa?

—¿Eres infeliz? ¿Por qué, pues, me reservas tus penas? No, no soy tan flaca que no pueda llevar el peso de la parte que en ellas me corresponde. Tu suerte será la mía, próspera o adversa, puesto que soy tu esposa. Habla, y que desde esta noche no existan secretos entre nosotros.

Diciendo esto doblaba las rodillas delante de él y le miraba con ojos llenos de ternura.

Arrancó Giuliano de su cabeza la gorra de paño, como si su ligero peso le oprimiese, y arrojándola lejos de sí sacudió su espesa cabellera poniendo la mano sobre su frente.

—¡Me abrasa! —dijo, y comenzó a pasearse con pasos presurosos por la orilla del lago.

—¡Habla! —repitió Anunziata con tono suplicante.

Detúvose él y tomando agua en el hueco de sus manos, empapó su frente y sus cabellos, que, cobrando mayor lustre con la humedad, quedaron lacios y brillantes como las plumas del cuervo. También sus ojos parecieron a Anunziata más resplandecientes que de costumbre, pero tenía aquel fuego algo de siniestro, y se hicieron visibles en su tez algunas ligeras arrugas que hasta aquel instante no se echaran de ver.

Todo su aspecto tuvo entonces un no sé qué de terrible y majestuoso, de triste e imponente.

Apoyado un brazo en una columna mutilada, y tendiendo el otro a la joven que se acercaba a él arrastrándose de rodillas.

—¡Anunziata! —la dijo—, he sido un monstruo, pues pude engañar tu crédula confianza. Cualesquiera que puedan ser las consecuencias de la confesión que voy a hacerte, siento como tú la necesidad de que no existan ya secretos entre nosotros. Todos debes saberlos: mi nombre, mis desventuras y mis crímenes. Levántate, doncella, pues vas a ser el juez de un alma indómita hasta ahora, y para la que nunca tuvo significado la palabra arrepentimiento.

Al decir esto su rostro tenía aquel sello terrible de un inmortal orgullo, que conserva entre los horrores de su eterna expiación el formidable espíritu vencido por el arcángel del Omnipotente. Estremecida la doncella exclamó:

—¿Quién eres?

—Levántate y escúchame, Anunziata, reuniendo tu valor, porque voy a contarte una historia larga, y siniestra: una historia que no conoce el mundo, y que tú sola debes oír, sin otro testigo que el cielo impasible y mudo que nunca comprendió la voz de la desventura.

—¡Oh esposo mío!, no blasfemes de la justicia de Dios —dijo Anunziata.

—La fatalidad es el único Dios que dirige mi destino —respondió con voz sombría el fingido pescador—, mi nombre te explicará mi vida, y mi vida te explicará mi religión.

—Pronuncia, pues, ese nombre —gritó con ansiedad la sobrina de Angelo.

—Me llamo...

—El agudo sonido de un silbato se dejó oír en aquel instante: la doncella tiembla sin saber por qué, y el falso Giuliano, interrumpido en el momento de hacer su revelación, saca del bolsillo un instrumento como aquél que acaba de oír y responde con igual sonido.

—Un hombre aparece como por encanto en la misma orilla. Su traje imita el de un montañés de la Calabria; su cuerpo es robusto; su estatura atlética, y su rostro, aunque alumbrado por la suave claridad de la Luna, tiene una expresión atrevida y feroz.

—¡Giuliano! —dice, y de un salto se pone a su lado el amante de Anunziata. Hablan en voz baja algunos minutos, y la pobre joven, que no puede oír lo que dicen, aprieta las manos sobre su seno oprimido y se encomienda mentalmente a su ángel custodio, porque presiente desgracias inconcebibles.

La misteriosa conferencia concluye, y Giuliano volviendo presuroso la dice:

—Es forzoso separarnos al punto. Fío tu seguridad al amigo que está presente; síguele y él te llevará a un paraje seguro, al cual iré a encontrarte muy pronto. Todo está preparado para tu partida, y un deber imperioso me llama a otra parte.

La joven temblando arroja una recelosa mirada al sospechoso personaje a quien la confía su amante, y murmura una negativa; pero él repite con acento y ademán imperioso.

—Obedece y nada temas: ¿quién se atrevería a ofender en lo más mínimo a la esposa de...?

—¿De quién! —preguntó con ansiedad la doncella.

—De un hombre que jamás supo perdonar —respondió Giuliano, y tomándola por la mano la llevó hacia su sombrío compañero que permanecía inmóvil.

—Aquí la tienes —dijo—, tu cabeza responde de su seguridad.

Enseguida le vio Anunziata alejarse presuroso, y sin duda el montañés le había traído un caballo, pues dos minutos después oyó su violento galope.

—Tened piedad de mí, señor calabrés —dijo entonces con ahogada voz.

—¡Corpo di Dio! —contestó el áspero personaje—, ¿de quién diablos tenéis miedo?

Le ofreció su nervudo brazo, que ella tomó temblando, y siguieron la senda que debía volverles a Puzzoli.

IV

Arturo de Dainville, enteramente abrumado del pesar de haber perdido a su amada, y ocupado en imaginar medios de encontrarla, no había vuelto a pensar en Pietro, que abandonado al vengativo y pérfido Rotoli, activo y fecundo en recursos para perderle, supo agravar su causa con los malos antecedentes que prestó a la reciente culpa del reo.

La confesión que éste hizo delante de los jueces, tan completa como la que antes pronunció en presencia del coronel, hacía innecesarias mayores pruebas que las que arrojaba naturalmente el proceso, y resultando plenamente convicto y confeso del crimen de complicidad con el terrible bandido, se halló en uno de los casos comprendidos en un bando publicado pocas semanas antes, y por el cual se imponía pena de muerte a cualquiera persona que mantuviese comunicación o diese asilo a los individuos que componían aquella feroz cuadrilla, que era, hacía veinte años, el espanto de Italia.

Al mismo tiempo se ofrecía una suma considerable a quien entregase a Espatolino o diese aviso cierto de su paradero, asegurando un completo indulto si el que prestaba este servicio a la humanidad era alguno de los cómplices de aquel sanguinario jefe.

Los medios prodigiosos porque había sabido libertarse repetidas veces de riesgos inminentes, burlando las más eficaces medidas del Gobierno, interesado en salvar de aquel azote a las provincias regidas por él, habían contribuido a irritar más los ánimos, haciendo que el Gobierno considerase como punto de honor el acabar pronto con aquella horda asoladora, cuya audacia se hacía mayor con la impunidad.

El terror que infundía en los propietarios de los pueblos pequeños el nombre de Espatolino era tan poderoso, que muchos de los más ricos habían aceptado la imposición de considerables contribuciones que le pagaban exactamente, dándose por dichosos con verse por este medio a salvo de mayores males; pero el bandido, cumpliendo con religiosidad sus convenios, respetaba las posesiones de todos aquéllos que voluntariamente le rendían tributo.

Algunos señores napolitanos que poseían fincas rurales eran acusados también por la voz pública de prestar protección al bandido, por el interés de verse libres de sus atrevidas agresiones. Decíase, en fin, generalmente, que la cuadrilla homicida contaba con importantes auxiliares dentro de las principales ciudades, y que ejercía una especie de soberanía en las poblaciones secundarias; donde solía detenerse semanas enteras sin hallar una voz que le denunciase, ni un vecino que le negase albergue en caso de necesidad. Se aseguraba, bien que no hubiera podido probarse hasta entonces, que el mismo Espatolino tenía arrendadas por segunda mano casas de buenas apariencias en varias ciudades, que ocupaban personas de su devoción, a las que pagaba generosamente, y que en ellas se hospedaba cuando lo tenía a bien, a veces sigilosamente, a veces sin ningún misterio, pasando tan pronto por un mercader extranjero como por un príncipe italiano.

Para que tales rasgos de incomparable osadía no fuesen rechazados por increíbles, los que divulgaban aquellas voces se manifestaban persuadidos de que no hacía falta a Espatolino quien le proporcionase fingidos pasaportes y otros medios de engaño, y que en cada ciudad, villa y aldea existía alguna fonda en la que era recibido siempre con afectada o verdadera alegría, y agentes que pagaba para que velasen por su seguridad; la que era tanto más posible, cuanto que, según la notable variedad de los retratos que se hacían de él, era muy difícil poder saber con exactitud las señas de su persona. Los mismos que habían sido sus víctimas estaban discordes al pintarle. Un gran señor, a quien habían asaltado en el camino de Lagonero a Chiaramonte, y al que robaron todo su equipaje después de matarle dos criados que intentaron resistir, aseguraba haber visto cara a cara al famoso bandolero, y que conservaba distintamente en la memoria su cuerpo pequeño, pero robusto; su cabeza erizada de pelos rojos ásperos; sus ojos sangrientos; su nariz roma, y su tez encendida como el fuego.

Un fabricante de Torre della Nunziata, cuya casa fue escalada en mitad de la noche con imponderable temeridad, negaba que el robo que le habían hecho hubiese sido ejecutado, como creían sus paisanos, por ladrones de la población, y decía haber oído a uno de los agresores pronunciar el nombre de Espatolino, en el momento que, cayéndose la máscara que llevaba puesta aquel jefe de facinerosos, dejó ver su descarnado y amarillo rostro lleno de cicatrices, y afeado aún más por una grandísima nariz curva y unos ojos bizcos de siniestro mirar. El horrible personaje, según la aseveración del fabricante, era de colosal estatura, flaco y nervioso, con unas manos descomunales y una voz que se parecía a los bramidos del Vesubio al tiempo de su erupción. Por último, un aceitero de Massa, que fue despojado ingeniosamente del producto de su cosecha, desmentía a los anteriores, y juraba por su alma que Espatolino era un hombre negro como un etíope, de nariz recta y ancha, boca de abismo, ojos pequeños y torvos, pelo negro y crespo, largo de piernas, corto de talle, y más bien grueso que delgado.

Entre tantas contradicciones nadie podía averiguar las verdaderas facciones del bandido, pues los que efectivamente le conocían eran los únicos que no hacían alarde de aquella ventaja.

Aunque el Gobierno no desestimase los rumores públicos, le había sido imposible hasta entonces convencerse de su verdad ni lograr indicios tan vehementes que le autorizasen a proceder contra ninguna de las personas que parecían sospechosas. Limitose, pues, a redoblar las diligencias que podían proporcionarle datos más positivos respecto a los reos de aquella misteriosa y extensa complicidad, despertando la codicia y excitando el terror por medio del bando de que hemos hecho referencia antes, y el cual era una circunstancia fatal para el hijo de Giuseppe. Los jueces, que anhelaban la ocasión de imponer un ejemplar castigo que sirviese de escarmiento a los agentes secretos de Espatolino, no podían despreciar la que entonces se les presentaba, y el infeliz joven, víctima de la conveniencia pública, fue juzgado con un rigor que hace gemir la humanidad. La sentencia se pronunció, y aquella sentencia fue la de muerte.

El día en que tan tremendo fallo se notificó al reo, estaba solo y triste en su casa el coronel Arturo de Dainville. Nada sabía del preso; nada había hecho en su favor ni en su daño; y Rotoli, que conocía su carácter generoso, aunque irascible, se guardó bien de noticiarle la suerte del infeliz Pietro, por temor de que interesándose por él pudiese robarle la completa satisfacción de su implacable venganza.

Arturo, pues, ignorante del resultado del juicio, y sintiendo más que nunca la fuerza de su amorosa inclinación, acaso por lo mismo que consideraba más difícil la oportunidad de satisfacerla, vivía abismado en sus recuerdos. Eran las seis de la tarde del día en que había entrado el reo en capilla, y mientras Rotoli, seguro de su triunfo, rondaba por las inmediaciones de la sombría morada, como el ave carnívora que acecha el cadáver en que espera cebarse, Arturo, que le había esperado vanamente toda la tarde, se había echado con abatimiento en un sofá, abandonándose a sus melancólicas ideas.

«¿Qué sería de Anunziata? ¿En poder de qué desalmado gemiría cautiva la tierna doncella por cuya posesión hubiera dado diez años de su vida? ¡Ay!, acaso aquella esquiva hermosura que había resistido a las seducciones de su ardiente amor, sería en aquel instante juguete mísero de los brutales antojos de un infame raptor.»

Así discurría, Arturo, y así hubiera continuado discurriendo, si no le hubiese sacado de su amarga cavilación uno de sus asistentes que entró a decirle que una joven que parecía poseída de la más profunda aflicción pedía ansiosamente se dignase el coronel escucharla un instante.

Arturo tembló: una mujer que llegaba a él en el momento en que pensaba más tiernamente en la que amaba, no podía encontrarle frío ni severo.

Era joven, era francés, la galantería no le abandonaba ni aun en los momentos más solemnes de su vida, y además una esperanza vaga, insensata, pero lisonjera, atravesó rápidamente por su imaginación. «¿Si Anunziata, escapando de su cautiverio, vendría a pedirle protección?»

—Que entre al momento esa joven —dijo, y se levantó para recibirla palpitándole el corazón.

La puerta dio paso un minuto después a una muchacha de veinticuatro años, desgreñada y casi andrajosa, que se arrojó a sus pies levantando hacia él su rostro macilento y ajado, en que se veían impresas la desventura y la miseria.

El coronel suspiró al ver desvanecida su fugitiva ilusión, pero conmovido al aspecto de la infeliz criatura, que abrazaba sus rodillas con un ardor convulsivo, la levantó cariñosamente y la mandó sentar.

—No, ilustre caballero —dijo ella—, no merece esta desventurada ocupar una silla en vuestra casa; pero tened piedad de mí, de mi anciano padre que va a morir de dolor y vergüenza.

—¿Quién es tu padre y en qué puedo serviros?

—Mi padre se llama Giuseppe Biollecare —contestó ella con desmayada voz—, y yo soy su hija María, hermana de Pietro a quien conoce vuestra excelencia, y que fue preso, según se dice, por su orden.

—María —repuso Arturo—, tu hermano es reo de un delito en el cual nada tengo que ver; pero, ¿qué es lo que pides? ¿Qué quieres de mí?

—¡Ay, señor! —exclamó la joven volviendo a arrodillarse—, ¡salvadle! ¡Salvadle por amor de Dios! Os ha engañado el perverso Rotoli si os ha dicho que Pietro es un mal hombre. Sabed, señor excelentísimo, que teníamos un pariente que poseía algunos bienes, y aunque era tan avaro que nada nos daba para aliviar nuestra triste situación, nos había ofrecido que nombraría a Pietro su heredero para después de sus días. El pérfido Angelo logró perder al pobre mozo, calumniándole con aquel viejo de quien todo lo esperaba, y para lograr más fácilmente su perverso designio, fingió compadecerse de nosotros, y se llevó a su casa a mi crédulo hermano. Con este rasgo de caridad deslumbró a nuestro pariente y logró mayor crédito, cuando, realizando algún tiempo después su infernal pensamiento, le acusó de ladrón y de otros vicios detestables. Su maldad llegó hasta el extremo de haberle supuesto la intención diabólica de envenenar al viejo avaro a quien esperaba heredar, y aunque todas sus acusaciones carecían de fundamento y apoyo, consiguió perder a su víctima en el concepto de aquél. Por tales medios obtuvo la herencia que estaba destinada a Pietro, y echándola luego de generoso, volvió a llamarle a su casa, teniendo el talento de persuadirle que no había contribuido a su desgracia, y que deseaba proporcionarle una colocación ventajosa. Seducido por estas promesas, y tan sencillo que dio valor a su astuta justificación, Pietro, olvidando lo pasado, se dedicó ciegamente al monstruo con la fidelidad de un perro.

Pero ¿sabéis qué interés tenía Rotoli en recobrar su amistad? Pues no era otro que el de servirse de él en sus comunicaciones con los bandidos, porque conocía la reserva excesiva de mi hermano, y confiaba mucho en la influencia que ejercía en su espíritu. En efecto, señor, él fue causa de que viese a Espatolino y se deslumbrase con sus fatales promesas; él quien le abrió una senda de perdición; quien supo mantenerle en aquellas malas ideas... hasta que nuevamente ofendido y sintiendo despertar en su pecho su antigua probidad, se resolvió a abandonar aquella casa peligrosa y a confiaros reservadamente las relaciones secretas con que estaban ligados el agente de policía y el bandido. ¡Dichoso él si después de tan honrada determinación hubiese olvidado la existencia del funesto personaje que le había hecho conocer Rotoli! ¡Pero la miseria!... ¡el hambre!... ¡el demonio de la tentación!... Señor excelentísimo, un momento bastó para que Pietro, acosado por la desgracia y recordando las proposiciones del bandido, sucumbiese miserablemente y se hiciese reo de aquel mismo crimen que dos días antes había denunciado en otro. Pero, señor, sus manos no han derramado la sangre del prójimo; ningún robo ha cometido todavía; la intención solamente es su delito, ¿y habrá de ser juzgado sin misericordia?

—No lo será, María, no lo será —dijo enternecido Dainville—, su castigo no pasará de una corrección, y yo cuidaré de proporcionar a tu padre los medios de ganar con qué vivir honradamente en lo sucesivo.

—¡Una corrección! —exclamó la doncella—, ¿pues qué, señor excelentísimo, estáis seguro de que se revocará la terrible sentencia?

—¿Qué sentencia? —preguntó el coronel—, ¿ha sido por ventura pronunciada alguna?

—¡La de muerte, señor, la de muerte! —dijo con voz profunda la infeliz.

—No es posible —respondió estremeciéndose Arturo.

—Señor, el reo está en capilla.

—Es cosa horrible ciertamente —añadió el coronel paseándose agitado—, yo no debí olvidar aquel desdichado. Rotoli no perdona nunca, tiene un alma de tigre.

María le seguía con las manos juntas y con el rostro desencajado.

—Pero vuestra excelencia le salvará, ¿no es cierto, señor coronel? Vuestra excelencia tiene un buen corazón, pues bien veo que se ha conmovido al oírme.

—María —dijo Arturo deteniéndose de pronto—, ¿estás bien segura de que aquella cruel sentencia ha sido ya notificada al reo?

—Sí, señor; y aunque le dieron esperanzas de salvación si declaraba cuál era el paraje en que había ofrecido Espatolino esperarle, se ha negado a decirlo, ni nada absolutamente que pudiera perjudicar a otro. Solo acusó a Rotoli quejándose de sus muchas perfidias; pero no ha podido presentar pruebas, y el agente ha logrado entero crédito al asegurar que mi pobre hermano le calumniaba por el bárbaro deseo de perderle, castigándole por la preferencia que hizo de él en su testamento nuestro mencionado pariente. Otras muchas cosas ha dicho para probar su inocencia y recriminar a Pietro, el cual bien pudiera haber llamado a vuestra excelencia por testigo respecto a una carta de Angelo a Espatolino, que el astuto agente logró arrancarle no sé por qué medios; ¡pero como se dice que vuestra excelencia protege a Anunziata!... ¡Como mi pobre hermano cree que es vuestra excelencia su mayor enemigo y el más empeñado en su pérdida!... Yo no lo pienso así, no señor, he conocido ya que sois muy bueno, y todo lo espero de vos.

—¡Malvado Rotoli! —dijo Arturo después de un instante de reflexión—, en efecto, pudiera hacerle mucho daño con mis declaraciones; pero ¿se salvaría Pietro?... ¡No!, su enemigo sería partícipe de su suerte, pero aquélla no cambiaría.

—¡Y qué, señor! —exclamó con angustia la joven—, ¿no me ofrecéis salvarle?

—¿Cómo podría cumplirlo? —respondió el coronel—. Los jueces que tan dura sentencia han pronunciado, ¿consentirían en revocarla?

—Dicen que se publicó un bando que condenaba a muerte a todos los que tuviesen relaciones con los bandidos; ¡pero son tantos, señor excelentísimo, son tantos los reos!... ¿Por qué ha de ser Pietro el único castigado?

—Es el único convicto y confeso —respondió Arturo—; la sentencia es cruel, pero no injusta.

—¡Que no es injusta! —gritó María torciéndose los brazos—. Así, pues, ¡no hay remedio!, ¡no hay misericordia!, ¡morirá en la horca! ¡Padre mío!, ¡padre desdichado!, ¿por qué no eres ya pasto de los gusanos? ¿Te ha conservado Dios la vida para que la vieses deshonrada? ¡La horca! ¡Oh, Dios mío!, ¡la horca!

Y la infeliz se arrancaba los cabellos con sus convulsas manos.

Arturo, penetrado de lástima, se paseaba agitado, buscando en su imaginación recursos para salvar al reo; pero ninguno hallaba. María acababa de recordarle el funesto bando y comprendía la conveniencia de un castigo severo en un crimen que iba haciéndose tan extenso, y que había estado por tanto tiempo impune.

—¿Nada me decís? —exclamó María con profunda desesperación.

—Vuelve al lado de tu anciano padre —contestó Arturo conduciéndola por la mano hasta la puerta del aposento—, y procura alentarle en tan tremendo golpe. Nada puedo prometerte respecto a tu hermano; pero yo le reemplazaré, y tu padre pasará cómodamente los últimos días de su vida.

Apartose de ella conmovido, y María nada le contestó. Su dolor había tomado un aspecto sombrío: gemidos sordos salían de su pecho, y sus ojos hundidos tenían la expresión de la demencia. Estuvo un instante inmóvil en el sitio en que la dejara Arturo, y después salió de la casa con pasos rápidos y desiguales, articulando con acento ronco y lúgubre:

—¡No, no le veré yo morir en la horca!

Dainville se sentía enteramente trastornado: la triste escena que acababa de pasar a su vista le afectaba dolorosamente. Por espacio de una hora se paseó por su habitación con aire pensativo y agitado; luego abrió una ventana, respiró con avidez el ambiente de la noche, y sintió el deseo de salir a la vecina plaza para pasearse al aire libre: su cabeza ardía y su pecho estaba oprimido.

Vistiose apresuradamente, tomó su sombrero y salió del aposento; pero en el instante en que atravesaba una larga sala que conducía al recibimiento oyó la voz de su asistente que porfiaba negando la entrada a alguno que se empeñaba en verle.

—Decid quién sois o marchaos —repetía por tercera vez el criado—. El amo no recibe gentes desconocidas.

—¡Y qué! —respondió una voz trémula y algo cascada—, ¿arrojaréis con tanta dureza a un infeliz anciano que no pide sino ser escuchado un breve instante? Vuestro amo será más compasivo, andad y decidle que este viejo afligido le pide permiso para hablarle.

—Vuestro nombre —volvió a preguntar el asistente.

El anciano vaciló un momento y dijo por último con acento doloroso:

—Giuseppe Biollecare.

—¡Dejadle entrar! —gritó Arturo, y salió a recibir al desventurado padre.

Aunque estaba la sala poco alumbrada, es indecible el efecto que produjo en el coronel la vista de aquel anciano. Su majestuosa talla estaba encorvada por los años; su cabeza, cubierta por una cabellera de plata, contrastaba con sus ojos, negros como el azabache y animados con toda la sublime elocuencia del padre que va a abogar por la vida de su hijo. Su tez era tan blanca como la luenga barba que adornaba la parte inferior de su rostro aguileño, pero veíase surcada por profundas arrugas y una aureola morada se distinguía perfectamente alrededor de sus ojos. Eran vacilantes sus pasos, y sus manos trémulas se crispaban apretando el báculo que le servía de apoyo.

—Bienvenido seáis, señor Giuseppe —dijo Arturo presentándole una silla.

—Quisiera hablaros a solas, señor coronel —contestó el anciano.

Presentole su brazo Dainville para que se apoyara y le condujo al aposento en que dos horas antes había presenciado la amarga aflicción de su hija. Hízole sentar y puesto a su lado tomó la palabra diciéndole:

—Sé a lo que venís, señor Giuseppe, y deseo con el mayor ardor serviros, aunque creo imposible lo que deseáis. No me dirijáis súplicas que me partirían el corazón y que serían sin embargo perdidas; pero disponed de mí como de un hijo y llorad en mi seno vuestra desgracia: mis lágrimas se unirán a las que derraméis.

—No vengo a pediros lo que habéis ya rehusado a mi hija —dijo el anciano con tristeza, pero sin debilidad—, no vengo a conmover vuestro pecho con el espectáculo de mi desventura, sino a haceros una proposición admisible y ventajosa.

Dainville le miró sorprendido. Giuseppe prosiguió:

Se ha publicado un bando declarando reo de pena capital a quien dé asilo al feroz Espatolino, le ocultó, le trate; pero se han ofrecido recompensas a los que le entreguen o faciliten los medios de capturarle.

—Es verdad —dijo Arturo.

—También se expresó en dicho bando —añadió el anciano—, que si otro ladrón, aunque fuese de los mismos de su cuadrilla, le entregaba o daba aviso cierto de paradero, de manera que pudiese verificarse su captura, sería indultado completamente.

—Así es buen anciano; pero ¿qué esperanzas fundáis en aquellas promesas? ¿Ignoráis que Pietro ha rehusado toda revelación que pudiera perjudicar al bandido?

—Lo sé, señor Arturo, pero si mi hija calla, yo puedo hablar. Sabed que aunque inocente de la locura de Pietro, el cielo que vela por los infelices y envía milagrosos auxilios a los que le imploran con ardiente fe, me ha proporcionado un descubrimiento importante que puede salvar a mi hijo.

Arturo aproximó su silla a la de Giuseppe: la más profunda atención y la curiosidad más viva se veían pintadas en su semblante.

Sé dónde se encuentra en este momento el terrible bandolero —dijo el anciano—, si pronuncio una palabra, dentro de diez minutos estará en el lugar que ahora ocupa mi hijo. Informad de ello al Gobierno, decidle que me conceda la absolución de Pietro y que sabrán por mí el paraje en que se encuentra ahora mismo el azote de Italia.

—¡Es posible! —exclamó con asombro Dainville.

—Es tan cierto como la existencia de un Dios —respondió el anciano con tono solemne.

—¿Sabéis dónde está ese malhechor famoso?, ¿decís que puede ser capturado sin demora?

—Digo que está tan cerca, señor Dainville, que diez minutos después que yo haya revelado el lugar en que se encuentra, podréis decir con verdad: «Lo he visto».

—Yo os felicito con todo mi corazón. Vuestro hijo será salvado, pues no me cabe duda en que su indulto os será concedido en premio de tan importante servicio. Voy a comunicar al Gobierno vuestra declaración.

—Antes de que me hagáis esa merced —repuso Giuseppe—, escuchad las condiciones que exijo. No me fío de nadie, señor Arturo: los que como yo han vivido setenta y cuatro años en este mísero mundo, no tienen fe sino en Dios. No me basta tampoco ver yo mismo su indulto firmado por el rey: es preciso que Pietro sea puesto en libertad, y nada revelaré hasta que no hayan pasado dos horas cabales de su salida de la cárcel; porque si aún estuviese al alcance de la justicia, bien pudiera suceder que le echasen el guante, y que pereciese Espatolino sin salvarse Pietro. El Gobierno francés no perdería nunca a un italiano: somos hijos de país conquistado, señor Arturo.

—La desconfianza que expresáis —dijo el coronel—, solo puede hallar disculpa en la amargura de vuestra situación: sois padre, señor Giuseppe, y teméis por la vida de vuestro hijo. Esto únicamente hace perdonable la injusticia de una sospecha tan ofensiva al Gobierno francés. ¿Pero no habéis pensado, pobre anciano, que es imposible que sin otra garantía que vuestra palabra se ponga en libertad al reo?

—Yo prestaré otras —respondió Giuseppe.

—¿Cuáles?

—Mi hija María y yo seremos encerrados en un calabozo, y si pasadas dos horas de la libertad de Pietro no sabéis por mí de un modo terminante y positivo dónde está el capitán de los bandidos... Más digo, si no lo habéis visto ya con vuestros ojos, y tocado con vuestra mano, mi cabeza y la de mi hija responden por la de Pietro. No creo que el Gobierno conceptúe escasa semejante garantía, pues aunque me haga la justicia de creer que daría mi vida por la del reo, no podrá sospechar que salvase un hijo culpable sacrificando una hija inocente. En cuanto a mí, sé que cumpliendo el empeño contraído nada tengo que temer; pero perdonad la suspicacia de un viejo; no tengo igual confianza respecto a Pietro, porque sé que es culpable y que el Gobierno francés no perdona nunca.

—Pero no es pérfido ni traidor, señor Biollecare —dijo con calor Arturo—. Si firmara el indulto del reo, ¿suponéis que fuese capaz de revocarlo vilmente después de aprovecharse de vuestras revelaciones?

—Todo lo creo posible en este triste mundo, señor Dainville; ¡he visto tantas iniquidades! Yo desconfiaría de la misma madre que me llevó en sus entrañas.

—Por ultrajante que sea vuestra sospecha, os prometo que hablaré con el mayor empeño para que se acepten vuestras extrañas condiciones. Id con Dios, señor Giuseppe, y esperad las órdenes del Gobierno.

—Os advierto, señor Arturo, que si he de responder de Espatolino; si se desea prenderle, es forzosa la actividad; sé positivamente dónde estará dentro de cuatro horas y aun dentro de seis; pero si se pasa la noche, todo será inútil, pues no puedo asegurar dónde estará mañana.

—¿Y decís que se halla dentro de Nápoles?

—Sí, señor.

—¿Y aseguráis que será encontrado?

—Os he dicho, noble caballero, que podréis verle con vuestros ojos como me estáis mirando. Si se escapa no será culpa mía, pues todo lo que puede exigírseme es que lo presente; que diga: «¡Aquél es!».

—¿Y lo haréis?

—Lo juro —dijo Giuseppe con acento grave y con la mano derecha puesta sobre el corazón.

—¿Vuestra morada?

—Aquí tenéis las señas.

—¡Bien! Volveos a ella, y aguardad la resolución del Gobierno.

—Si acepta mis condiciones, decidle, señor coronel, que envíe los gendarmes al instante para que me conduzcan con mi hija al calabozo que se me señale, y que dos horas después de que me hayan entregado algunas líneas de la mano de Pietro en que me diga: «Salgo ya libre», me vayan a buscar y me presenten a quien quieran. Diré dónde se halla Espatolino; pero no existen tormentos o suplicios que antes de pasadas las dichas horas logren arrancarme una sola palabra.

—Bien, buen anciano, adiós.

—Aguardad, señor coronel; para que vuestras diligencias en favor de mi hijo sean más eficaces, y para que alcancéis la recompensa de ellas, debo deciros dos palabras más.

—¿Cuáles son?

—Sé que amáis a la sobrina de Angelo Rotoli y que un infame os la ha arrebatado, en el momento en que su tío os aseguraba más sinceramente de su cariño.

—¿Quién os ha dicho?... —exclamó con nueva sorpresa el coronel.

—Eso no os importa, pero sí el saber que conozco al robador de Anunziata, y que declararé dónde la guardaba anoche.

—¿Tienes acaso pacto con el demonio?

—Dios, señor excelentísimo, Dios y no el diablo es quien acude al socorro de un padre desventurado, que con lágrimas de sangre le implora en el día de la tribulación. ¡Bendita sea su misericordia!

Y cruzados los brazos sobre el pecho y los ojos levantados al cielo, el rostro de aquel viejo presentó en aquel instante una expresión sublime. Un rayo de luz que hería su nevada cabeza resbalaba sobre su frente ancha y majestuosa, y podría creerse que era como reflejo brillante del pensamiento de religiosa fe que embargaba entonces todas sus potencias.

Dainville se inclinó con involuntario respeto ante aquella figura grave y melancólica.

—Padre mío —le dijo, apretando su mano—, sois sin duda un justo, pues hay en vuestro rostro un sello divino que no he visto jamás en ningún mortal. Sí, Dios os ha revelado todos los secretos que deben salvar a un pecador arrepentido y a una mujer inocente que se halla en las garras del vicio. Dios os ha escogido también para libertar a vuestra patria del monstruo que la ensangrienta con sus crímenes. Id tranquilo, y permitid que imprima mis labios en vuestra digna mano.

Giuseppe alargó su diestra, y respondió conmovido:

—Que el cielo os haga más dichoso que a mí, joven guerrero, y que cuando el hielo de la vejez cubra vuestra cabeza, aún arda en vuestro corazón, como en el mío, el santo fuego de la fe.

Salió con paso trémulo, y Arturo salió también un minuto después para comunicar al Gobierno cuanto le había dicho el padre del reo.

V

No se había engañado el coronel al graduar la importancia que daría el Gobierno a la captura de Espatolino. Aquel malvado que tantas veces se había burlado de todos sus esfuerzos; aquél que aparentaba desafiar el poder de la nación dominadora de Europa; aquél cuya vida era una mengua para los nuevos señores de Italia, iba a caer por fin en sus manos. ¿Qué precio sería excesivo para tan importante adquisición?

El coronel Dainville, sujeto de reputación y prestigio, salía por garante de la honradez y veracidad de Giuseppe, de cuya virtud se tenían de antemano ventajosos antecedentes. Excusábanse además las extrañas condiciones que imponía, en atención a su avanzada edad y al trastorno que pudieran haber ocasionado en su espíritu sus actuales pesares. Todo se le perdonó, pues, y los procedimientos fueron tan activos que a las nueve de la noche se habían sabido sus proposiciones, y a las diez ya estaba firmado el indulto del reo, expresando que se le concedía en consideración al eminente servicio que su padre prestaba al país facilitando el exterminio de la feroz cuadrilla que lo desolaba. El mismo Dainville se halló presente cuando se leyó al reo su indulto, después de algunas prudentes precauciones que no impidieron, sin embargo, que se trastornase momentáneamente su razón con dicha tan inesperada.

El espectáculo del dolor más profundo hubiera afectado con menos viveza al coronel que la vista de aquella alegría frenética: era una dolorosa convulsión de placer, capaz de ocasionar la muerte. Pietro no comprendió nada de las circunstancias a las cuales era deudor de la vida; solo sabía que estaba libre, que no moriría en el patíbulo; y aún después de escuchar cien veces que su padre se hallaba preso y no saldría de la cárcel hasta que hubiese revelado el paraje en que se hallaba Espatolino, todavía exclamaba incesantemente:

—Voy a mi casa al momento. Mi pobre padre acaso esté enfermo de la pesadumbre, muy ajeno de sospechar que ya estoy libre y soy el más venturoso de los hombres. Quiero ver al rey Joaquín —añadía—, y bendecirle en su trono, que Dios conserve por largos años. ¡Viva el rey de Nápoles! ¡Viva la Francia! ¡Viva el emperador! Señores, una copa de aguardiente. ¡Me abraso! ¡La cabeza se me parte! ¡El corazón no me cabe en el pecho! ¡La vida me asesina!

Éstos y otros discursos igualmente inconexos eran interrumpidos por accidentes convulsivos, y en los primeros momentos de su libertad su estado le impidió hacer uso de ella. Sin embargo lograron calmarle algún tanto; obedeció maquinalmente la orden que se le dio de escribir a su padre noticiándole la dichosa mudanza de su suerte, y después que hubo trazado sin comprenderlas, las palabras que le fueron dictadas, Arturo mismo le sacó de la prisión diciéndole:

—Ya estás libre, Pietro. Sé prudente y virtuoso. ¡Dios te guíe!

Le puso en el bolsillo algunas monedas y le dejó para ir a casa del director de policía, que era donde debía comparecer Giuseppe dos horas después a hacer sus revelaciones.

Pietro al verse solo sintió una especie de miedo y echó a correr como un loco, tomando más por instinto que por deliberación el camino de su casa. La Luna que estaba ya en menguante no había salido todavía: eran las once o estaban próximas, y como todos los sucesos de aquella noche fueron un secreto para el público, nadie había acudido por la curiosidad de ver el acto de poner en libertad al reo, y las calles estaban bastante solitarias. Sin embargo, al atravesar una de las más tristes que conducían al apartado arrabal en que habitaba su familia, notó que un hombre de elevada estatura, perfectamente embozado, le seguía con tenacidad, empeñado al parecer en alcanzarle: con efecto distaba ya muy pocos pasos de él. Tembló de pies a cabeza el hijo de Giuseppe, pues lo único que se le ocurrió fue que estaba revocado su indulto y que venían a cogerlo para volverlo a la cárcel. Su agonía con este pensamiento fue tan angustiosa que, habiendo querido huir y gritar, solo pudo exhalar un gemido y cayó en tierra como herido de un rayo.

Su perseguidor se llegó a él precipitadamente, y le descubrió el pecho y la cabeza para que el aire puro de la noche le reanimase.

—Pietro —le dijo en voz muy baja luego que le vio en estado de oírle—, nada temas, soy tu amigo y vengo a salvarte.

—¡Mi amigo! —articuló con débil voz el infeliz—. ¡Y venís a salvarme! ¿Pues qué, sois el rey? ¿Habéis sabido que quieren desobedeceros y volverme a la capilla?...

—¡Calla, insensato! —dijo con impaciencia el desconocido—, mira que te pierdes y me pierdes.

Pietro se enderezó con ímpetu:

—¡Salvadme!, ¡salvadme!, seré vuestro esclavo: el indulto...

—No confíes en él —le interrumpió su interlocutor—, dentro de dos horas puede ser revocado, y si aún te hallas al alcance de la justicia, volverás al horrible lugar de que acabas de salir, y que no trocarás sino por el patíbulo. Es preciso que cuando suene la hora fatal para ti estés ya en paraje en que no sea posible encontrarte. A cincuenta pasos de aquí nos esperan dos caballos que disputan al viento su ligereza, y si eres callado y dócil, yo respondo de tu vida.

Pietro se agarró fuertemente de su brazo y exclamó:

—Marchemos.

—Silencio, pues, y confianza —repuso el desconocido—, aligera el paso y sígueme.

Echó a andar deprisa, tomando una callejuela oscura y sola, donde no se oía otro ruido que el de sus pisadas en las baldosas, y Pietro le siguió todo volviendo sin cesar la cabeza, porque le parecía ver en cada sombra la de un horrible gendarme, con el brazo tendido para asirle.

Conveniente nos parece dejarles continuar su marcha, y como suponemos que el lector, por poco que hayamos logrado interesarle en favor del viejo Giuseppe, estará curioso por saber cómo salió de su empeño, daremos por trascurridos siete cuartos de hora y le conduciremos a la casa del director de policía, a cuya presencia debía comparecer.

Las dos horas iban a cumplirse, y numerosos gendarmes aguardaban con impaciencia el momento en que les enviasen a prender al famoso bandolero, que ya contaban por suyo. En efecto, todas las disposiciones se habían ejecutado con tanto sigilo, que era de esperar que aquella vez se lograse el objeto; pues no había podido ser informado Espatolino por ninguno de sus espías.

El direttore di polizia, o jefe político, estaba en su despacho acompañado del procurador general[7] de Arturo Dainville y del capitán de los gendarmes.

—Mirad la hora, coronel —dijo el jefe político.

—Faltan quince minutos para la una.

—El viejo no tardará en llegar. Se ha dado la orden de que se encuentre aquí a la una en punto; pero ¿sabéis, señor procurador general, que no puedo abrigar la esperanza de ver en mi poder a Espatolino? Nos ha dado tantos chascos, y la caprichosa fortuna parece tan empeñada en su favor, que aun viéndole en el patíbulo temería se me escapase.

—Mi sobrino Arturo, por el contrario —respondió el procurador—, presta tanta fe a la promesa de su protegido, que

7 El procurador general ejercía las funciones de fiscal en las causas criminales.

dice juzga tan asegurado al bandido como si le viese en la cárcel bajo cien cerrojos.

—Pero es extraña la condición del viejo —observó el jefe de policía—, ese empeño en dar tiempo al hijo para que huya me parece sospechoso, pues si efectivamente piensa y puede dar aviso cierto del lugar en que se halla Espatolino, no concibo por qué haya de temer por el indultado.

—El señor Giuseppe, según tengo entendido —dijo el procurador—, es un viejo caprichoso que nos honra con el más triste concepto que puede concebirse de los hombres; y no es extraño sospechase que conseguida la ventaja que esperábamos del indulto de su hijo, le llevásemos a hacer compañía a Espatolino en el elevado puesto que se le destina.

—Todo debe perdonarse —dijo Arturo— a un anciano cuya larga vida ha sido un tejido de desventuras, y que en la amargura del último y supremo dolor que ha padecido, viendo culpable al hijo en quien no había sembrado sino semillas de virtud, hubiera podido desconfiar del mismo Dios.

—Yo le perdonaría fácilmente —dijo el jefe de policía—, pero temo que todo sea una farsa para salvar al reo.

—¿Olvidáis —repuso el procurador— que la vida de su hija y la suya propia pagarían la de Pietro si resultasen fallos los medios de que se ha servido para salvarle?

—Sé que ha dicho que le ahorquen a él y a su hija si no cumple su promesa; pero en la seguridad de que no habíamos de ejecutar tan atroz venganza...

—¡Cómo! —exclamó el procurador general, incorporándose en la silla en que estuviera hasta aquel momento reclinado—, ¿qué queréis decir?

—¿Tendríais valor para quitar la vida a un viejo y a una mujer por una astucia ingeniosa, empleada para salvar a un hijo y a un hermano? —preguntó el otro funcionario, cuyo semblante estaba anunciando un corazón bondadoso.

—¿Y por qué no, voto a bríos!, ¿y por qué no? —exclamó el procurador dando en la mesa que tenía delante una fuerte palmada—. ¡Sí por Dios!, los veríais colgados antes de veinte y cuatro horas.

El reloj dio en aquel instante la una, y al mismo tiempo un gendarme anunció la llegada de Giuseppe.

Hacedle entrar —dijo el jefe—, y vosotros estad prontos a mi primera orden.

La puerta dio paso inmediatamente al anciano Biollecare y a su hija. Ésta parecía bastante serena, y aún podía advertirse en sus hundidos ojos una vislumbre de alegría, pero su padre andaba más lenta y trabajosamente que cuando cinco horas antes había entrado en casa de Dainville, y su talle se encorvaba tanto hacia adelante, que apenas se le podía ver el rostro.

—Acercaos, buen viejo —dijo el director o jefe de policía—, ya están corridas las dos horas que pedisteis, y vuestro hijo ha tenido tiempo de dirigirse a donde mejor le pareciese. Por ofensivas que hayan sido vuestras condiciones, ya veis que todas se han aceptado; y haciendo a vuestra honradez una justicia que habéis rehusado a la nuestra, esperamos con entera confianza las revelaciones que debéis hacernos.

—Quisiera besar vuestras plantas —respondió con voz temblorosa y débil el anciano, que de todo lo que había dicho el director parecía no haber comprendido otra cosa sino que su hijo estaba en salvo—. Dios os bendiga por la noticia que me dais, pues aunque he recibido una carta de Pietro en que me comunicaba su indulto y libertad, apenas podía creer, señor excelentísimo, una felicidad tan inmensa. Bendiga Dios al rey, a la reina, a vuestra excelencia y a todas las ilustres personas a cuya intercesión debamos esta merced.

—Supuesto que estáis convencido —repuso el jefe— de la injusticia de vuestras sospechas, no perdamos tiempo y decid dónde debemos encontrar a Espatolino.

Giuseppe levantó penosamente la temblorosa cabeza, fijando con el mayor asombro su mirada atónita en el que acababa de hablar, y Arturo, que desde que compareció no había apartado los ojos de él, lanzó en aquel momento un grito de sorpresa.

—Aquí hay un engaño incomprensible —exclamó—, un misterio que no puedo explicar; pero este hombre no es el padre de Pietro.

En efecto, aquellos ojos empañados por la vejez, que acababan de levantarse hacia el rostro del jefe político; aquellos espejos turbios en los que el alma no podía ya reflejar sino imperfectamente sus más vivos sentimientos, no eran los mismos que Arturo había visto resplandecientes y sublimes, con el santo fuego de la fe y del ardiente amor paterno.

Un momento de silencio había sucedido a la declaración de Dainville; el viejo y María se miraban con asombro, y el jefe político, el procurador general y el capitán de gendarmes miraban a Arturo, como esperando alguna otra aclaración de sus extrañas palabras:

—¡Señores! —dijo éste—, repito que aquí hay un engaño, una burla imperdonable: este viejo es un impostor.

—¡Un impostor! —exclamó María reanimando súbitamente su marchito semblante por una noble indignación—, mentís, coronel Dainville, mentís y ultrajáis indignamente la virtud más pura. ¡Oh padre, padre mío! —y se precipitó en sus brazos.

Aquel grito, aquella mirada dejaron confuso a Dainville. La impostura no podía tener aquel lenguaje, aquella expresión: no se llama padre de aquel modo a quien no lo sea. La voz de la naturaleza no puede imitarse.

—¿Quién sois? —dijo el procurador dirigiéndose al anciano.

—Giuseppe Biollecare, señor excelentísimo, todo el arrabal en que vivo me conoce. No sé por qué el noble caballero que está presente me ha llamado impostor; pero si en algo le he ofendido involuntariamente, le suplico que me perdone.

—¿No habéis estado en su casa —repuso el jefe político— en las primeras horas de la noche?, ¿no ofrecisteis descubrir el lugar en que se encuentra Espatolino, y no conseguisteis a este precio el indulto de vuestro hijo?

El viejo, con la boca entreabierta, fijaba en aquel funcionario sus ojos empañados y lagrimosos, con una especie de estupor.

—Nada de eso es verdad —dijo por último—, nada, señor excelentísimo. Yo no tengo el honor de haber visto nunca al caballero que está presente, ni sé dónde para ese perverso Espatolino que sedujo a mi pobre hijo; en cuanto al indulto de éste solo sé que debo tan alta merced a una persona poderosa, cuya vida proteja Dios y colme de prosperidades.

—Y vos —dijo el procurador a María—, y vos, desdichada, cómplice sin duda en esta infame impostura puesto que estuvisteis en casa del coronel pocos momentos antes que el miserable que tomó el nombre de vuestro padre, ¡hablad!, explicad este misterio de perfidia y falsedad, y preparaos al castigo terrible del crimen en que habéis incurrido.

—¡Yo criminal! —exclamó la hija de Giuseppe con un acento y ademán llenos de dignidad—, no, señor, jamás mi infeliz padre habrá de llorar por causa mía las amargas lágrimas que ha vertido por mi extraviado hermano. Vuestra excelencia puede disponer de mi vida; pero nadie puede ultrajar sin motivo a una pobre mujer por miserable que sea.

El jefe político tomó entonces la palabra, impidiendo lo hiciese el procurador, cuyos ojos echaban chispas de cólera, y dijo con dulzura a María:

—Te creemos, joven, te creemos, y en prueba de ello te mandamos que nos expliques este misterio, pues aunque no cómplice, debes ser sabedora de él.

—Señor, contaré lo que ha pasado, con la misma verdad con que rendiré cuenta a Dios de mi vida el día en que comparezca en su presencia: Yo fui a casa del coronel Dainville a interceder por mi hermano y nada conseguí. Había anochecido ya cuando la dejé, desesperada, resuelta, ¡Dios me perdone el mal pensamiento!, a precipitarme en el mar. Iba como una loca por la calle; todos los que encontraba me miraban con sorpresa, porque los gemidos brotaban de mi angustiado corazón por más que quería sofocarlos. En esto un hombre alto, envuelto en un ferreruelo azul, me salió al encuentro súbitamente y me dijo:

—Joven, ¿por qué lloras con tanta amargura?

Yo seguí mi camino sin responderle; pero él se fue tras de mí y volvió a decirme:

—Joven, ¿eres la hermana del reo que está en capilla?

Entonces se redoblaron mis gemidos y me puse tan mala que creí desfallecer. El desconocido me agarró por el brazo, pero yo quise desprenderme y grité:

—¡Dejadme! ¡Dejadme morir!

—¿Y tu padre? —dijo—, ¿y tu pobre padre?, ¿qué será de él cuando haya perdido a sus dos hijos?, ¿qué mano amiga cerrará sus ojos cuando deje de existir?

Aquellas palabras llegaron a mi corazón.

—¡Oh, padre de mi vida! —exclamé.

—No me es posible apartarme de vos —repuso mi acompañante— en el estado de desesperación en que os miro. Vamos a ver a vuestro padre: el desgraciado necesita de vuestros consuelos, y es preciso que cobréis ánimo y que cumpláis con los deberes sagrados de hija.

Nos encaminamos a la casa del anciano, y el desconocido me hizo muchas preguntas respecto al delito y proceso de mi hermano, y a la conversación que acababa de tener con el señor Dainville.

—¿Por qué no ha ido vuestro padre con vos a implorar al coronel? —me dijo.

—Mi padre no conoce al coronel —respondí—, ni sabe que yo me he atrevido a hablarle sobre este asunto. Se dice que el señor Dainville aborrece a Pietro, y mi padre le cree un hombre duro.

Hablando de estas cosas llegamos a mi casa. Mi padre no hacía otra cosa que rezar desde que supimos la sentencia de Pietro; toda la tarde había estado postrado delante de una estampa de la divina Madonna, y allí le encontré cuando volví.

—Decidle que un hombre que sabe su desgracia y le compadece con todo su corazón desea hablarle —me dijo el desconocido.

Hícelo así, y mi padre le recibió con aquella tristeza profunda, pero resignada, que había sido su expresión desde el fatal momento en que tuvo noticia de la suerte que esperaba al reo.

—Señor Giuseppe —le dijo el desconocido—, veo en vuestro semblante que en esta terrible situación no os ha abandonado vuestra constancia y que sabéis sufrir como hombre.

—Y como cristiano —respondió mi padre—. El Hijo de Dios murió en un suplicio afrentoso, y era inocente y santo; ¿qué mucho, pues, que alcance igual desventura a un hombre culpable? Pietro es culpable, señor caballero; por eso ruego incesantemente al Dios de las misericordias que le perdone su pecado, aceptando como expiación la muerte horrible que va a sufrir, y que vele por mi pobre María, que quedará sola en el mundo.

—¿Y vos, señor Giuseppe?, ¿no le quedáis vos y no tendréis en ella un consuelo para todas vuestras amarguras?

—Yo —respondió mi padre— no sobreviviré a mi hijo; bien quisiera vivir por María, porque será extremada su aflicción, a pesar de que de nada le sirvo: ¡de nada sino de estorbo! Sin mí hallaría acomodo en alguna casa honrada; pero por no querer abandonarme, ya lo veis, caballero... se muere de hambre.

Mi buen padre lloraba al hablar así: yo estaba arrodillada a sus pies y lloraba también sobre sus rodillas; el desconocido nos miraba atentamente y parecía reflexionar. De pronto se levanta, se acerca a mi padre y le dice:

—¿Por qué habréis de perder toda esperanza? Vos que creéis en Dios, ¿cómo no confiáis en su misericordia?

—De ella espero la salvación de mi hijo en la otra vida —respondió Giuseppe—, pues en ésta nada tengo ya que esperar.

El desconocido guardó un instante silencio; parecía muy preocupado; pero dijo por último:

—No quiero que acojáis con entera fe una esperanza que acaso saldría fallida; mas tampoco puedo sufrir estéis tan absolutamente privado de ella. ¡Giuseppe!, ¡María!, ¡escuchad! Existe una persona que puede mucho y que desea salvar a Pietro: dicha persona no está desalentada todavía, y el reo puede ser indultado.

Yo arrojé un grito y caí a los pies de aquel hombre, que entonces me pareció un ángel. ¡Oh ilustres señores!, no es posible que acierte a expresar lo que sentí cuando supe que aún había quien concibiese esperanzas para mi desgraciado hermano. En cuanto a mi padre parecía próximo a volverse lelo. El desconocido se afanaba en balde por moderar nuestro júbilo.

—No olvidéis —nos decía— que la esperanza que os anuncio es muy dudosa.

—¡Pero hay alguna!, ¡hay alguna! —repetía yo.

—No creo —añadió mi padre— que os divirtáis a costa del corazón de un infeliz.

—No por cierto —respondió—; os he dicho y os repito que una persona que puede mucho se interesa por Pietro, y que acaso dentro de algunas horas su perdón estará firmado. Pero no hay que perder un instante: el tiempo es precioso y conviene dejaros. ¡Atended!, no habléis de esto con nadie: esperad en silencio y con ánimo dispuesto a soportar sin flaqueza el extremo de la alegría o del dolor, pues todo puede ser. Acaso os llevarán a la cárcel esta misma noche: si así sucede, no os asustéis ni preguntéis la causa, ¿entendéis? Es preciso hablar poco, lo menos posible, porque conviene así a la salvación de Pietro. Si ésta se logra, recibiréis en el calabozo en que os hayan encerrado una carta del mismo Pietro, en la que os dirá que sale ya libre. ¡Cuidado con hacer locuras!, es preciso tener prudencia y esperar todavía. Luego lo sabréis todo y Pietro estará exento del menor peligro. La persona que vela por vosotros puede alcanzar esta misma noche un indulto del rey; pero si se pasa la noche y no han venido todavía a buscaros para conduciros a prisión... En ese caso... rogad a Dios por el alma del reo, y procurad consolaros.

Al terminar estas palabras puso sobre la mesa esta bolsa llena de oro (la joven la presentó sacándola de su seno), y quitándose el ferreruelo se lo puso a mi padre diciendo:

—La noche está fresca y vos muy débil; si os llevan a la cárcel salid bien abrigado con esta capa, y encasquetaos el sombrero hasta las cejas.

Se marchó precipitadamente; pero aunque al despojarse de su abrigo no descubrió sino un traje muy sencillo de marinero, bien comprendimos que era un gran señor disfrazado, así por el mucho oro que nos había dejado y por el conocimiento que tenía de lo que había de suceder, como por su aspecto distinguido. No os molestaré, ilustres señores, con la relación circunstanciada de las muchas conjeturas que hicimos sobre quién sería la persona poderosa que se interesaba en salvar a Pietro: mi padre no se fijaba en ninguna; pero lo que yo creí y creo que no es otra que la misma reina, pues dicen que tiene un corazón compasivo. ¿Y quién sino ella podría tener tanto influjo con el rey que hubiese logrado hacerle firmar el indulto en esta misma noche? Por otra parte, el desconocido tenía aire de ser algún gentilhombre de palacio; acaso fuese el ilustre...

—No hay que nombrar a nadie sin necesidad —dijo el viejo interrumpiendo a su hija—; lo único cierto es que aún no habían pasado dos horas completas desde que nos separamos de aquel excelente y generoso señor, cuando los gendarmes llegaron a buscarnos para conducirnos a la cárcel. Cuando vimos cumplida esta parte del anuncio del desconocido, ya no dudamos de lo demás, y no sé cómo no me mató el regocijo. ¡Bendito sea aquél que envía al hombre fortaleza para soportar las supremas desventuras y las supremas felicidades! Continúa, María, porque yo no puedo hablar.

—Fuimos a la cárcel —dijo la doncella—, nadie nos habló ni nosotros hablamos con nadie hasta una hora después, que recibimos esta carta de Pietro.

María sacó un papel y leyó:

«El Rey ha firmado mi indulto, padre mío, y os aviso que en este instante salgo de la prisión, pues se me deja en completa libertad. Vuestro hijo, Pietro Biollecare.»

Mi padre se puso de rodillas y oró con fervor: su alma religiosa volaba al cielo para dar gracias a Dios de tan inmensa ventura; mas yo bendecía también al rey, a la reina y al caballero desconocido.

Esto es cuanto ha pasado, nobles señores, pues a nadie hemos visto hasta el momento en que nos sacaron de la prisión para traernos aquí.

La relación de María tenía un carácter de verdad que era imposible dejase duda de su inocencia: los circunstantes se miraron asombrados. ¿Quién era aquel desconocido que pronosticó con tanta exactitud todos los acontecimientos de la noche? ¿Quién el anciano que se había encargado de representar el papel de padre de Pietro en aquella ingeniosa comedia?

Estas preguntas se dirigían recíprocamente y nadie contestaba. Se interrogó a María sobre la edad del desconocido, y dijo que aparentaba de treinta y cinco a treinta y ocho años.

—El impostor que estuvo en mi casa —añadió Dainville— tenía por lo menos setenta.

Un gendarme anunció en aquel instante que pedía permiso un esbirro para dar un aviso importante al jefe político.

—Esto va a clararse sin duda —dijo el funcionario, y se mandó entrar al agente. Era Rotoli.

—Señor director —dijo—, un hombre desconocido llegó a mi casa de Portici; yo acababa de entrar en ella y me preparaba a meterme en cama; pero lo que aquel sujeto me dijo me obligó a venir incontinenti a entregar a vuestra excelencia esta carta, cerrada con tres sellos.

Diómela el mencionado individuo, que parecía por su traza persona decente, y me dijo:

—Pues sois de la policía, haced un singular servicio, seguro de que seréis recompensado. Entregad a vuestro jefe esta carta antes de que haya pasado la noche; la hora no importa, pues su excelencia vela hoy y se halla ocupado en un asunto importante y complicado, que será esclarecido y terminado con el auxilio de esta carta. Respetad el misterio de mi conducta, y sabed que de no ser entregada esta carta pueden resultar irreparables daños, privándoos vos mismo de un descubrimiento que os interesa.

Me dejó la carta y se fue.

—Dadmela —dijo el jefe, y abriendo el pliego misterioso precipitadamente, leyó en alta voz en medio del profundo silencio de su auditorio:

«Señor excelentísimo: en el momento en que ésta llegue a vuestras manos ya habréis sabido que el anciano infeliz que fue encarcelado no es el mismo que tuvo el honor de hacer al Gobierno una proposición que se dignó aceptar. Tengo demasiada buena opinión de su justicia para creerla capaz de descargar su indignación en un inocente, y más cuando el verdadero culpable va a delatarse a sí mismo. Sí, señor excelentísimo, repito que Giuseppe y su hija han sido, como vuestro digno amigo el coronel Dainville, víctimas de un engaño, del que soy único fraguador.

»Aunque me llamo culpable, pido a vuestra excelencia tenga a bien advertir que solo lo soy por haber usurpado el nombre de otro; mas no por haber proferido la menor mentira en cuanto tuve el honor de expresar al coronel.

»Estoy demasiado agradecido a la eficacia de su excelencia para que no me apresure a cumplir todas las promesas que le hice, comenzando por aquélla que más debe interesarle. Prometí que le declararía el nombre del raptor de su querida, y que señalaría el paraje en que se hallaba ayer. En efecto; de nueve a diez de dicha noche dos personas se entretenían en animado coloquio a las orillas del lago Averno: la una era mujer y su nombre Anunziata; la otra, era su raptor y se llama... Espatolino.

»Respecto a la promesa de descubrir el paraje en que se hallaba dicho sujeto en el instante en que yo tenía el honor de hablar a su excelencia, el mismo señor Dainville conocerá, cuando lea esta carta, que lo he cumplido religiosamente.

Aseguré que aquel capitán de bandoleros estaba tan cerca, que diez minutos después de haber yo declarado el sitio en que se encontraba, su excelencia podría decir con verdad: "Lo he visto, lo he tocado..." y en efecto su excelencia puede decirlo desde ahora con toda certidumbre; así como puede vanagloriarse de haber sentido los labios de su excelencia imprimirse con respeto en su homicida mano, vuestro humildísimo servidor.

ESPATOLINO.»

VI

¿En dónde están los risueños y caprichosos paisajes que desplegaba hace poco a nuestras miradas, enriquecida con la pompa del estío, la fecunda tierra de Nápoles? ¿Qué se han hecho las islas encantadas, que a la claridad de la Luna parecían palacios flotantes de las divinidades habitadoras de sus cristalinos golfos?

Henos aquí ausentes del hechicero país que con tanto placer hemos habitado durante las primeras escenas de nuestro drama; obligados por el imprescindible deber de exactos historiadores a trasportar al complaciente lector a una tierra árida y triste, en la que ni la naturaleza ni la mano del hombre han alcanzado a producir un árbol a cuya sombra pueda guarecerse el viajero de los rayos perpendiculares de un Sol abrasador.

Esta campiña arenosa y desierta es el trono en que tiene su asiento la antigua madre de los Césares: la ciudad eterna, destinada por el cielo a llevar siempre en su frente la corona del mundo, dominándole primero con la fuerza y después con la religión; aquélla que ha sustituido el invencible lábaro con la sagrada tiara, y que cuando perdió la espada que le abría las puertas del universo, recibió las llaves de San Pedro.

Mas, ¡ay!, en la época funesta en que la necesidad nos conduce a sus inmediaciones, ha alcanzado a la suprema cátedra la suerte del Capitolio, y yace abatido el estandarte pontificio como las águilas imperiales.

Pío VII gime en el cautiverio lanzado lejos de la Santa Silla, y Roma vuelve a adornarse con prestados atavíos guerreros. ¿Será que sacudiendo el letargo de tantos siglos la fatigada patria de los Augustos, de los Titos y de los Constantinos, torne a arrojar de su seno, fecundo en prodigios, aquellos hombres cuyas colosales figuras no caben en las inmensas páginas de su historia?

No; el gigante del Sena, levantando un nuevo trono con las ruinas del solio, de la tribuna y de la cátedra, le ha grabado el sello de su naciente dinastía, y la dominadora del mundo no alcanza otro consuelo en su abatimiento que el de ser esclava de un dueño tan grande como los que ella misma impuso en otro tiempo a la tierra.

¡Oh Roma!, ¿fue tal vez efecto de tu venganza la caída de aquellas águilas altaneras, que osaron levantar su vuelo en las regiones en que desplegaron las tuyas sus poderosas alas? ¿El indignado genio de tu gloria empañó el brillo de aquel astro fugaz que aspiraba a eclipsar los inmortales resplandores de tu Sol eterno?...

Nuestra pluma se extravía al impulso de involuntarias reflexiones; acaso sintiéndonos pesarosos de detener al lector en el ingrato sitio a que le hemos conducido, intentemos llevar su pensamiento a cuadros menos áridos.

¡Si al menos nos fuese permitido vagar un momento por las orillas del Anio, o hacerle admirar las sulfurosas ondas de la Solfatara! ¡Si pudiésemos pasearle por las celebradas grutas de Neptuno y de las Sirenas, o entretenerle con las cascadas de Tívoli y enseñarle la casa de aquel Mecenas, que tanta falta hace a los poetas españoles! Pero el tiempo es precioso, y nuestra narración nos detiene forzosamente en la llanura estéril, a la que con tan poco placer nos hemos trasportado.

Un medio nos queda, sin embargo, de no lastimar los ojos de nuestros lectores con la vista de sus encendidas arenas: vuélvanlos hacia aquel lado, donde entre breñas y matorrales se descubre un camino estrecho, por el cual empero no marcharemos solos. Un hombre montado en un fogoso caballo sigue la misma senda, y a pesar del calor del mediodía, que aunque en el mes de octubre es bastante sensible en aquel país, camina tan deprisa cuanto se lo permite la escabrosidad del terreno. Raro es en verdad ver un individuo solo y en tal montura por una ruta tan peligrosa; pues ningún viajero la emprende sin auxilio de un guía experto, y fiando el peso de su cuerpo a la paciente condición de un asno.

El sujeto a quien vamos a seguir debe ser asaz práctico en aquel país; su brioso alazán, obediente a su voz como un perro, continúa con paso vigoroso e igual por el áspero sendero; y el jinete, que se sostiene con gallardía, va tan descuidado como si se paseara por la plaza de Navona. Su traje, sin apartarse notablemente del que usan para montar los señores romanos, tiene un no sé qué de caprichoso y fantástico; y aunque se note diferencia en un rostro que se ha visto de noche y se examina después con la claridad del día, reconoceremos, si nos proponemos observarle, que es el mismo que hemos visto tres meses antes a las orillas del lago Averno. Mirad su tez algo tomada por el Sol del mediodía; su pelo y su barba de ébano; sus ojos rasgados y expresivos que a veces lanzan miradas altivas y ardientes, a veces anuncian una tristeza desdeñosa y amarga. Con la luz del Sol podremos notar aquellas ligeras arrugas que surcan su frente majestuosa, aunque algo sombría, y cierta contracción de sus labios, y unas cejas compactas y horizontales que con frecuencia se unen, formando un pliegue muy perceptible en el nacimiento de su nariz de águila. La Luna suavizaba una fisonomía que ahora presenta un carácter de fiereza que no carece sin embargo de cierto género de melancolía.

Si tan infatigables como él nos atrevemos a seguirle, le veremos atravesar la aldea de Neptuno sin pensar en proporcionarse en ella el más breve reposo; y alejándose poco de la ribera del mar, que se tiende allí como una franja de ópalos, continuar su viaje, que según parece tendrá por término a Porto d'Anzio.

En aquella villa ha entrado en efecto; ¿pero qué busca en tan mezquina población, en la que el forastero no encuentra ni sociedad ni monumento? Pronto lo sabremos si penetramos con él en aquella casa pintorescamente situada en una pequeña altura a uno de los extremos del pueblo. La puerta se ha abierto desde el instante en que se detuvo su caballo, y un mancebo de buena traza se ha presentado inmediatamente a saludar al jinete y a llevar la montura a la caballeriza.

—Pietro, ¿ha ocurrido alguna novedad?

—Ninguna, capitán, sino que Roberto ha venido a noticiaros que los viajeros consabidos deben dormir esta noche en...

—¡Basta!, entiendo; ¿en qué lugar debo encontrar a Roberto?

—En las selvas.

—¿A qué hora?

—A las doce.

—¡Bien!

Diciendo estas palabras penetró en la casa y se encaminó en derechura a un aposento alto, cuya puerta empujó suavemente.

Era una habitación pequeña, pero bonita, con dos grandes ventanas exteriores, en una de las cuales estaba de pie apoyada lánguidamente en el respaldo de un sillón una mujer pálida y triste, en la que apenas podrían reconocer los lectores a la preciosa Anunziata. Su frescura juvenil estaba marchita; su talle mórbido y gracioso se doblaba como una caña tronchada por el viento, y sus miradas pensativas se fijaban con poco interés en la magnífica perspectiva que ofrecían a lo lejos las románticas selvas hacia las cuales llamamos la atención de nuestros lectores desde el primer capítulo de esta obra.

Un Sol de otoño doraba la cima de aquel paisaje sombrío con los reflejos de sus últimos rayos, que en vano hubieran querido penetrar al través de los centenarios árboles que le oponían constantemente sus espesos y entrelazados ramajes. Ningún pájaro dirigía su vuelo hacia el bosque que parecía brindarle delicioso asilo; pudiendo decirse que hasta las aves respetaban el silencio solemne de aquella naturaleza agreste y melancólica, adormecida al sordo murmullo de las olas del mar que se estrellaban en la distante playa.

El recién llegado se detuvo a espaldas de la joven y la observó un instante con rostro descontento.

—¡Siempre triste, Anunziata! —fue su salutación.

Ella se volvió a mirarle con una sonrisa afectuosa.

—Espatolino —respondió—, ¿cómo es que no te he visto llegar?, ¿que no te he sentido?

—Tus ojos y tu oído —repuso él con acento amargo— están, como tu corazón, cerrados para mí.

Ella se dejó caer en el sillón con aire de fatiga.

—¡Otra vez! —exclamó—, ¡siempre la misma queja!

—¡Siempre la misma causa! —repuso Espatolino.

—Estoy enferma, en eso consiste.

—No tu cuerpo; tu espíritu. El aire que respiras a mi lado es mortífero para tu corazón.

—Padezco, es verdad; ¿pero a quién perjudican mis secretos pesares?

—¡A quién! —repitió el bandido, cerrando las manos con tan violenta crispatura que las uñas ensangrentaron sus palmas—. ¡Anunziata! —añadió con acento trémulo y sombrío—, una gota más en el vaso que está lleno basta para hacerle rebosar; ¡teme desborde del mismo modo tanta amargura como tiene encerrada mi corazón!, teme ese derrame violento que pudiera alcanzarte a pesar mío, y que arrasaría en un instante todas aquellas flores de tu vida, que no han sido todavía marchitas por el infortunio.

—¡Ay de mí! —respondió ella—, no nacen flores en el sendero de sangre por donde me conduces, ni hay infortunio mayor que esta vida de vergüenza.

La fisonomía de Espatolino pareció oscurecerse con una nube tempestuosa; había en su expresión alguna cosa más terrible que la ira y más lastimosa que el dolor. El gemido sordo y prolongado que salió de su seno se asemejaba al bramido con que saluda el toro los huracanes de los trópicos, y sus brazos, que se cruzaron sobre el pecho, no bastaban a sofocar las violentas palpitaciones de su corazón, que le levantaban con rápido movimiento a manera de aquellas aguas que hierven al impulso de un fuego subterráneo.

Anunziata le miró sobresaltada.

—¿Me tienes miedo? —le preguntó él con sardónica sonrisa.

—Te tengo lástima —respondió la joven tendiéndole una mano.

Aquella palabra, pronunciada con la más perfecta sencillez, fue cual el conjuro de la maga que evoca las tempestades. Frenético furor se apoderó del bandido, que agarró a la frágil criatura como si quisiera pulverizarla. Ella no hizo un gesto; pero le miró con profundo y resignado dolor: aquella mirada tuvo un poder indecible.

Alejose el bandido, y volviendo sus manos contra su propio seno, desgarró su vestido cual si fuese de papel.

—¡Mátame! —le dijo Anunziata con desfallecida voz—; ¿por qué te arrepientes de tu primera intención? Mátame, y te bendeciré muriendo.

Él entretanto recorría agitado toda la longitud del aposento, atusando maquinalmente sus profusos cabellos; de repente se para, y dejando ver un semblante en el que la más sombría tristeza ha sucedido al más encendido furor, dice:

—¡Anunziata!, de una sola falta tengo que acusarme con respecto a ti, y es la de haberte ocultado mi nombre; pero tú sabes que no llevé mi engaño hasta arrancarte un juramento, y que antes de unirte a mi destino te fue revelada mi condición. ¿Por qué entonces no te volviste a la casa de Rotoli? Te juré restituirte a ella si no te hallabas con valor para seguir la suerte del proscrito.

—También juraste que te entregarías a la justicia si yo te abandonaba.

—¿Y qué es para ti mi vida o mi muerte?

—¡Pues qué!, ¿no te amaba?, ¿no me eras cien veces más querido que la felicidad y el honor?

—¡Me amas! —exclamó él, y su rostro se despejó gradualmente, como con la salida del Sol van huyendo las sombras.

—Ojalá no fuese invencible el sentimiento que ha hecho tan deplorable mi vida —repuso Anunziata—. ¿Por qué padecería tanto si no te amase? Pero, ¿no te veo continuar, sin ceder un momento a mis súplicas, por ese camino de crímenes, a cuyo término se encuentra el patíbulo? Siempre, en todas partes llevo conmigo la terrible cohorte aneja a tu nombre: el deshonor al lado, delante el suplicio, detrás la sangre inocente, y en el fondo del corazón clavado el remordimiento. Escucha: en la noche callada, mientras la esposa feliz duerme su casto sueño junto al protector de su vida, yo velo toda trémula en mi lecho solitario, y los vagos rumores de la noche hielan de miedo mi corazón. Entonces pienso sin cesar en tus funestas empresas; en los peligros que te rodean; en el castigo que te amenaza... y para colmo de dolor no puedo implorar al cielo para que te proteja; porque ¿cómo articular tan atroz blasfemia? ¡Mi agonía excede a toda expresión, Espatolino! Si interrumpe mi abrasado insomnio el ruido de tus pisadas, en aquel momento en que quisiera volar a recibirte y descansar en tu seno de tantas agitaciones; en aquel momento que debiera ser tan dulce, veo figuras cadavéricas que se interponen entre los dos, y que señalándote con su trasparente mano, dicen con inarticuladas voces: «¡Asesino! ¡Asesino!», repiten mil ecos que se levantan de súbito en torno de mi lecho, y si entonces llegas a mis brazos, me da frío, porque creo sentir en tu cuerpo la humedad de la sangre de tus víctimas. ¡Ésta es mi vida!, no luce un Sol que no me parezca sangriento, no llega una noche cuyas tinieblas no estén pobladas de fantasmas vengadores. Rechazados por Dios y por los hombres, llevamos la reprobación atada a nuestra sombra, y me parece alguna vez que fatigada la tierra de sostenernos, va a abrirse y a devorarnos.

La figura humana no tuvo jamás un carácter tan extraño como el que presentó entonces la del bandido. Su mirada y su sonrisa tenían un no sé qué, tan terrible y tan contagioso, que Anunziata comenzó a temblar.

—La tierra —dijo él con pausado acento— recibe del mismo modo la planta del inocente que la del criminal, y una misma tumba les prepara. El cielo, tan impasible como ella, tiene Sol y tempestades para todos los hombres, y sus rayos no buscan con preferencia la cabeza del asesino ni respetan la del justo. ¡En cuanto a los hombres, yo les hago la guerra a todos ellos; a ellos constituidos en sociedad; a ellos erigidos en tribunales; a ellos en nación; a ellos como dioses dispensadores de vida o de muerte! Yo les hago la guerra como se la hacen entre sí, para destrozarse unos a otros; una es la diferencia esencial: ellos matan con las calumnias, con las perfidias, con las injusticias, y yo mato con el puñal, que hace menos larga la agonía. Ellos roban con disfraces y yo presento la cara del bandido. Esos hombres que me juzgan y me infaman, deifican a los grandes bandoleros, que son para el mundo lo que yo soy para una provincia; ellos levantan ejércitos para llevar la muerte a una porción de sus semejantes, y aplauden el robo cuando es bastante cuantioso para que pueda bautizarse con el nombre de conquista.

¡He aquí su justicia!, ¡miserables hipócritas, que fingen castigar cuando se vengan!, ¡miserables cobardes, que para robar y asesinar necesitan el escudo de monstruosas convenciones que les aseguren la impunidad!

¿Qué significan aquellas altisonantes palabras, honor, verdad, virtud? Los mismos que las han inventado no están acordes al difinirlas. Todo es problema: la humanidad marcha a oscuras envuelta en el polvo de la perpetua lucha, derribando hoy lo que levantó ayer, al compás eterno del tiempo que corre sin cesar. ¡Las leyes!, ¿qué son las leyes? Una conozco: la de la necesidad. Esta ley de la naturaleza es la única verdadera; las que dictan los hombres son, como ellos, frágiles e imperfectas, injustas y limitas. Los fuertes las hacen y las huellan, y su yugo solo pesa sobre el cuello de los débiles. ¡Veamos todas las grandes obras de los hombres! ¡Busquemos una que merezca ser respetada!... ¡En vano! Cultos, instituciones, sistemas, todos se gastan, y como viles harapos de un siglo pasan al otro para servirle de befa, hasta que ruedan por fin al abismo del olvido. ¡Oh, si se abriese ese inmenso sepulcro de los delirios humanos! ¡Cuán asquerosos despojos hallaría cada generación de la generación que la había precedido!

¡Anunziata!, ¿qué ves en el hombre? La corona del rey, la tiara del pontífice, la espada del conquistador, el puñal del bandido, todo es igual: no hay más que instrumentos de diferentes formas, destinados al mismo fin; no hay más que armas para la lucha perpetua en que se agita la humanidad; armas para la guerra terrible en que cada hombre aspira a la opresión de su semejante; en que cada egoísmo combate para entronizarse. Como en los tiempos, llamados bárbaros, rige hoy la ley del más fuerte, con la diferencia de que se ha desenvuelto mucho más la astucia, que en las naciones enervadas es el equivalente de la fuerza.

Las sociedades humanas son un conjunto de partículas heterogéneas que recíprocamente se combaten, y el triunfo constituye el derecho.

Nada obtiene el que pide; es preciso arrancar lo que se desea, por fuerza o por astucia; y como la fuerza es más rara que la astucia, porque ésta cabe en los cobardes y en los flojos, y aquélla necesita cierta grandeza de organización, resulta que existe mayor número de ladrones y asesinos con máscara que sin ella, y más pigmeos sobre elevados coturnos que gigantes en su verdadera estatura.

¡El cielo!, ¡los hombres!... ¿Qué quieres decir al articular con respetuoso miedo esos nombres que suenan a mi oído como el zumbido que en la noche producen los mosquitos?

¡El cielo!... Nada veo más allá de esa gran cortina de vapores.

¡Los hombres!, mira a esta Italia que clama pidiendo en nombre de la justicia la sangre de algunos de sus hijos, y besa las huellas de las legiones extranjeras que vienen a repartirse sus despojos.

¿Cuál es la diferencia real que existe entre Napoleón y Espatolino? Aquel gran bandido de la Europa, que ha levantado un trono sobre montañas de cadáveres, y que se ha lanzado de él sobre las naciones aterradas como el buitre encima de su presa; ¿tiene algún derecho que me esté negado? Las huestes rapaces que se abalanzan a los tronos al movimiento de su diestra, ¿podrán infamar a los valientes que obedecen dóciles a una señal de la mía? ¿Habrá imparcialidad en la generación que escriba el nombre de Bonaparte en páginas de gloria, y que al consignar el mío en la lista de los asesinos, concluya diciendo: «Acabó su infame vida a manos de la justicia»?

¡La justicia!, ¡palabra risible!, ¡sarcasmo repugnante! La justicia es la fuerza; el triunfo es el derecho: no reconozco otro. Este derecho le asiste a Napoleón y se lo envidio. Más afortunado que yo, no más digno, quiere destruirme y puede hacerlo; pero que no me juzgue. Amenáceme con el poder, pero no con la justicia. Como él tengo también miras grandiosas, aunque trabaje en una escala inferior; yo ataco los abusos en su origen y con sus mismas armas. Yo arranco el oro a los poderosos antiguos para crear nuevos ricos; de la misma manera que él despoja de la corona a las viejas dinastías para dar nacimiento a nuevas, y hunde una nobleza para sacar otra del polvo.

Acaso mis pensamientos son más generosos que los suyos; acaso en su lugar yo hubiera aspirado a amasar con las ruinas, que solo le han servido de escalones para el solio, un edificio para la generación futura. ¿Pudo él hacerlo?, ¿debió intentarlo? No lo sé; hay delirios hermosos, pero que no dejan de ser productos de un cerebro calenturiento. Los mártires de la humanidad siempre me han parecido unos sublimes ignorantes o unos sabios imbéciles.

Cesó de hablar Espatolino, y Anunziata parecía escucharle todavía. Aquellas ideas extrañas, desordenadas, amargas e incisivas, expresadas con una mezcla de frialdad y exaltación, de dolor y de ironía, habían aturdido su entendimiento y lastimado su corazón. Afligida, indignada, llena de asombro y de terror, quiso hablar y sus labios se agitaron levemente, como si procurasen articular alguna palabra, que sin embargo no acertaba a escoger entre las muchas que se le ocurrían. Había cierta contrariedad entre sus pensamientos y sus sensaciones, y las palabras extrañas que aún resonaban en sus oídos no la permitían entender las voces de su propia conciencia.

Pareciola que se hallaba bajo la influencia de un pernicioso magnetismo, y arrancándose con esfuerzo de aquella especie de fascinación, levantó los ojos al cielo con aspecto de súplica, cual si demandase auxilio contra la impresión que la dominaba. Pero el cielo estaba lúgubre y amenazante como su destino: las ligeras nubes que una hora antes vagaban por la esfera, se habían ido agrupando hacia el ocaso, cubriendo completamente las últimas huellas del Sol; y el mar, tranquilo hasta entonces, comenzaba a levantar su voz solemne, respondiendo con tonos graves a los silbidos agudos del viento.

Absorta Anunziata en escuchar a su amante, no había notado la progresiva mutación del tiempo, y al encontrarla de súbito, un terror pánico se apoderó de su espíritu. Desvió del cielo los ojos y volviolos maquinalmente hacia Espatolino. El relámpago iluminó en aquel momento la reducida estancia y rodeó con una aureola fugaz la austera figura del bandido. La joven arrojó un grito, sofocado por el estampido del trueno, que devolvieron dilatadamente los ecos de la selva, y se cubrió el rostro con las manos.

—¡Anunziata! —dijo entonces Espatolino con una voz que se hizo oír por entre el ruido del trueno, del viento y del mar—, ¡Anunziata!, vas a saber una historia muy triste, aunque nada tiene de extraordinaria; una historia que te tengo anunciada hace tres meses, y que no he tenido fuerzas para contarte hasta ahora.

Sentose junto a ella, pasó la mano por su frente como para despejar sus ideas, y habló así.

VII

Pronto cumplirán treinta y nueve años que vine al mundo: mi padre era un hombre de bien y acomodado; mi madre una santa.

Cuando tenía yo diez y seis años mi alma era estrecha para los cultos que en ella se abrigaban. Creía en todo y de todo me formaba una religión, porque era de naturaleza ardiente y propenso al fanatismo: en mi alma no nacieron jamás sentimientos débiles; se asemejaba a aquellas tierras en que no brotan las flores, sino árboles colosales.

Tenía una fe profunda en la justicia de Dios, en la virtud de mi madre, en la amistad de Carlos y en el amor de mi querida.

Carlos era un noble dos años mayor que yo, pero que gozaba ya de una absoluta independencia y de considerables riquezas. Mi madre había sido su nodriza y mi hermana Giulietta era su hermana de leche. En cuanto a mi querida, era una huérfana prohijada por mi familia, y que criada conmigo desde los años más tiernos, me amaba con pasión, antes de saber que el amor existía. Aquel cariño, comenzado casi con la vida, parecía inseparable de ella, y yo le pagaba con tanta vehemencia, que nunca pensé en que pudiera haber en el mundo mujer más hermosa que Luigia. Era ella la poesía de mi imaginación y el encanto de mis ojos: su vivacidad, sus caprichos, sus inocentes coqueterías, todo en ella me hechizaba, si bien a veces me afligían los extravagantes celos que le daba mi amistad con el joven conde. «Ese Carlos —decía— me usurpa tu corazón: si fuese mujer le preferirías a mí.»

Afligíame al observar su pena, pero no pensé en disminuir las demostraciones de afecto hacia mi amigo. De día en día se aumentaba el entusiasmo que había sabido inspirarme: veíale como el tipo más perfecto del honor y de la caballería.

Indignábase al solo nombre de perfidia; no podía tolerar la injusticia, y se encendía de rubor como una niña cuando se relataba en su presencia algún hecho torpe o indecente. Parecíame imposible conocer a Carlos y no amarle, y sin embargo mi hermana, que tenía doble motivo para quererle, le trataba por lo común con reserva y frialdad. Aquel carácter tan dulce, tan insinuante, que poseía mi amigo, y con el cual dominaba completamente el mío borrascoso y violento, no hacía impresión ninguna, al parecer, en una persona como Giulietta, que en tantos puntos se le asemejaba. Reñíala con frecuencia por su indiferencia hacia el conde; pero nada contestaba, y aun medió alguna vez que se echase a llorar, lo cual fue siempre un medio eficaz de disipar mi enfado.

Otra persona tan cara a mi familia como el mismo Carlos, y a la que yo colocaba en la esfera más alta de mi estimación, era un comerciante que frecuentaba nuestra casa con la misma confianza que si fuese la suya. Era el oráculo de mi padre; mi madre le llamaba por antonomasia el buen amigo; y mi hermana y yo le respetábamos tanto como a los primeros.

El señor Sarti era circunspecto, grave, intachable en su conducta y severo en sus principios. Su delicadeza rayaba en nimiedad, su religión en fanatismo, y su extremada probidad era proverbial entre nuestros vecinos. A fuerza de industria y eficacia se había creado un mediano caudal, que tenía el talento de hacer muy productivo en ciertos ramos de comercio, y aconsejado por él vendió mi padre las tierras que poseía y que habían bastado hasta entonces al decente sostenimiento de su familia, para entregarle todo el numerario, asociándosele en sus especulaciones.

Perdona, Anunziata, que te detenga en tales pormenores, pues son necesarios para que comprendas las circunstancias que motivaron mi primer desengaño. Debíselo a aquél en cuyas manos se puso mi padre con la más cándida confianza.

Su buena fe tuvo el pago que tiene siempre en el mundo. Sarti aparentó una quiebra súbita y se retiró del comercio, dejando arruinada a mi familia. No hubo nadie que fuese engañado por aquel mezquino fraude: la falsedad era notoria a todos los que conocían a Sarti, pero mi padre no tuvo medios de justificarla y quedó reducido a la indigencia.

La impresión que hizo en mi ánimo aquella desgracia fue menos viva por la situación en que nos constituía, que por el asombro doloroso de encontrar un malvado en el hombre a quien desde niño me enseñaron a respetar. Hasta entonces no había concebido la infancia sino bajo los harapos de la miseria y del vicio, y no sospechaba siquiera de la existencia de la hipocresía.

De las tres mujeres que componían mi familia la más sensible a nuestra ruina fue Luigia. Me acuerdo de un día en que lloraba amargamente, y preguntándole la causa me pintó con los más sombríos colores nuestro común porvenir. «Ambos somos tan pobres —me dijo— que creo imposible nuestro casamiento. ¿Para qué habíamos de unirnos?... ¿para dar existencia a otros seres tan infelices como nosotros, que acaso no tendrían para conservarla sino el pan mendigado con lágrimas a las puertas de los ricos? No, Espatolino, jamás seremos ya el uno para el otro, porque ni tú ni yo poseemos ni un pedazo de tierra que cultivar con el sudor de nuestra frente, para dar de comer a nuestros hijos.»

Aquellas tristes reflexiones a un mismo tiempo me traspasaron de dolor y me encendieron en ira: juzguelas un ultraje, y levantádome trémulo y palpitante en presencia de Luigia, no sé qué instinto me reveló una fuerza de voluntad que hasta entonces no había tenido ocasión de conocer. Llevé una mano al corazón y la otra a la frente, y dije a mi querida:

—Mientras estos tesoros no se agoten, no faltará el pan a los hijos de Espatolino. ¿Para qué —proseguí radiante de fe y de esperanza—, para qué concedió Dios al hombre estas dos facultades poderosas, de las cuales la una dicta y la otra ejecuta? Yo oigo resonar en mi cabeza una voz incesante que me dice: «El mundo es patrimonio de la inteligencia que le comprende, y de la voluntad que le domina».

Luigia me miraba con aire incrédulo; pero yo me aparté de su lado lleno de confianza en mí mismo, y resuelto a abrir para ella un porvenir dichoso: ¡para ella que sería la madre de mis hijos! «¡Mis hijos!», esta palabra mágica desenvolvía, al mismo tiempo que mi ambición, un horizonte sin límites de esperanzas y venturas. «¡Mis hijos!», yo articulaba palpitando de orgullo estas sílabas poderosas, que me abrían un campo desconocido de deberes, de afectos y de alegrías.

Desde aquel día me dediqué a los más asiduos y variados estudios, sin dejar por ello de desempeñar los más fatigosos trabajos. Mi joven amigo el conde ••• me empleó en la secretaría de un personaje pariente suyo, en cuyo despacho pasaba la mayor parte de las horas del día escribiendo sin treguas, y al salir de allí, en vez de ir a solazarme con mi familia, me dedicaba al estudio, que continuaba sin interrupción casi toda la noche.

Frecuentaba la propaganda, donde me instruía en las lenguas orientales; acompañaba a Carlos a la escuela de esgrima y al gimnasio, y aquel año me llevé el segundo premio de escultura en la academia de San Lucas.

Mi aplicación y las felices disposiciones que manifestaba servían de estímulo a los profesores, que se complacían en enseñarme gratuitamente, deduciendo de mis progresos exageradas esperanzas. Mi ambición por saber no conocía límites: quería emprender todas las carreras y conocer todas las ciencias y las artes, fomentando tan loca avaricia los elogios que oía prodigar a mi capacidad.

—Será otro Miguel Ángel —decían algunos escultores.

—Será algo más —añadía un profesor de química—, es mi discípulo más aventajado.

Tiene admirable disposición para la retórica —exclamaba [...] con complacencia un célebre catedrático.

—Sí —decía yo por lo bajo—, ¡sí!, me [...] de todo; me abriré tantas sendas, que alguna de ellas me conduzca a la gloria y a la fortuna.

La gloria y la fortuna no eran empero los únicos bienes que yo veía al término de aquellas sendas a que anhelaba lanzarme; veía también a Luigia, y a ella consagraba de antemano los preciosos favores que esperaba arrancar al destino.

Mientras yo soportaba alegre aquella vida laboriosa y fatigante, sostenido por las más halagüeñas ilusiones, un cambio incomprensible se iba verificando en la mujer para quien hubiera querido conquistar la corona del mundo. Ya no me buscaba, no me escribía; en los cortos momentos de libertad que podía pasar con ella jamás sus ojos, antes tan solícitos en buscar los míos, me fijaban aquella mirada de amor tan silenciosa y tan elocuente... aquella mirada que dicta tantos sacrificios y promete tantas compensaciones. No me hablaba Luigia de nuestro porvenir y ni aun parecía notar los esfuerzos que hacía para asegurárselo dichoso. Verdad es que viéndome enflaquecer de día en día, me preguntaba alguna vez en tono festivo, si no me lisonjeaba de alcanzar una vejez precoz por primer resultado de mis estudios. ¡Cuánta frivolidad había en sus acciones! ¡Cuánta indiferencia en sus palabras! Siempre que yo estaba con ella me parecía que se encontraba violenta, cuando mis miradas eran más tiernas tomaba su rostro una expresión más fría.

Sin embargo, ninguna duda concebí de su ternura; [...] el que ama, encuentra mil recursos para disfrazarse [...] sobre todo, tan [...], casi nunca conocen los [...] que anticipadamente les [...] encuentran desapercibidos. Luigia provenía del enojo que le causaban mis continuas ausencias, y casi acepté su desvío como un nuevo testimonio de desinterés y ternura.

Una tarde, empero, al entrar en mi casa después de doce horas de ausencia, noté que mi madre y mi hermana estaban conmovidas y con los ojos hinchados, mientras Luigia que se entretenía en bordar, se puso encendida como la grama al escuchar mi saludo.

Senteme junto a ella: el corazón me latía de manera que me ahogaba; mi sangre circulaba con rapidez, y sin embargo sentía frío. Un cruel presentimiento me revelaba que aquel instante sería uno de los más solemnes y terribles de mi existencia. Temblaba como un cobarde; pero la fatalidad parecía impulsarme hacia una vaga y confusa desventura, experimentando cierta especie de impaciencia por apurarla toda y de un golpe.

Mi madre comprendió aquella extraña situación, y me dijo con voz alterada:

—Hijo mío, ésta será la última noche que pasará con nosotros Luigia; mañana se casa con el señor Sarti, que la ama y la hará feliz.

Ningún acento articuló mi boca; no hice un gesto siquiera. Mi madre aseguraba después que la había sorprendido agradablemente mi serenidad, y cuando la pérfida Luigia se esforzaba en justificar su mudanza, dicen que aseguraba que solo había imitado la mía, dando por testimonio de ella la indiferencia con que supe su casamiento.

En efecto, Anunziata, la felicité con calma, sonriendo; la dije que a pesar de la aparente quiebra del comerciante, podía estar segura de que era rico, y aun tuve la paciencia de escucharla cuando quiso darme una explicación de los motivos que la habían decidido a aceptar la mano de aquel infame, y a recatarnos con tanto misterio sus relaciones con él.

Alabé su prudencia, abracé a mi madre y a mi hermana deseándolas una noche tranquila, y me retiré a mi aposento tan sosegado como de costumbre.

No era una resolución la que yo llevaba conmigo, era una necesidad a la cual veía imposible resistir. Tenía el corazón hecho pedazos; pero estaba sereno, porque conocí que no se encontraba remedio para heridas de muerte como las mías.

Era la medianoche, y todos a mi entender dormían ya; salí entonces sin hacer ruido y me encaminé al Tíber, que distaba poco de mi casa. La oscuridad era profunda, y yo iba tan preocupado, que no eché de ver que me siguiese nadie; pero en el instante en que encomendando mi alma al Criador iba a arrojarme al río, un brazo varonil me asió por la cintura, y una voz querida dejó oír estas palabras:

—¡Ingrato! ¿Nada soy en el mundo, que así quieres dejarle?

Caí en los brazos de Carlos, y un mar de lágrimas brotó de mis ojos, secos hasta entonces. Aquél fue el momento de una crisis dolorosa, pero favorable: el conde supo aprovecharlo y me volvió a mi casa, donde nos recibió mi hermana, que por una coincidencia que entonces creí casual, aún no se había acostado.

No intentaré pintarte los amargos días que siguieron al de mi triste desengaño: el tiempo consiguió templar la violencia de mi dolor; pero no me fue dado sentir por mujer ninguna lo que me había inspirado Luigia, y perdí con la fe en el amor el entusiasmo por la hermosura. Volvime triste y desconfiado: mi carácter adquirió cierta rudeza que no le era natural, y hubiera caído en profunda apatía, si el continuo espectáculo de una familia reducida a sostenerse con el trabajo personal de mi padre, ya viejo y achacoso, no me hubiese hecho comprender la necesidad de sacar algún fruto de mi juventud y buenas disposiciones.

Con el favor del conde, ascendí al empleo de secretario privado de aquel personaje en cuya casa había tenido hasta entonces el humilde cargo de copiante subalterno, y obtuve en poco tiempo la confianza de mi señor, que ocupaba un puesto elevado. ¡Oh!, ¡cuán densa sentí entonces aquella atmósfera brillante de la grandeza! ¡Cuántos mezquinos secretos, cuántos enigmas de corrupción me fueron revelados! ¡Anunziata!, no permitiré que detengas ni un momento tus ojos en los cuadros de intrigas y de injusticias, que se encuentran cada día y a todas horas, en las mudas paredes de los palacios.

Concebí escrúpulos, y por ventajoso que me fuese mi nuevo destino resolví renunciarle, y aun hubiera querido abandonar para siempre aquella capital del mundo cristiano, que había considerado largo tiempo como el santo modelo de las naciones católicas.

El conde ••• me hizo comprender los peligros de semejante tentativa, y desistí con pena. El conocimiento de ciertos secretos me ataban a aquel puesto detestable, y suspiraba en vano por la oscuridad de mi pasada vida.

Un consuelo tenía y era de poder ser útil a mi desgraciada familia, a la que destinaba todo mi sueldo. Carlos celebraba mi desprendimiento llamándome dechado de ternura filial, y yo lloraba de alegría cuando estrechándome entre sus brazos, en presencia de muchos de sus nobles parientes, me daba con una especie de orgullo el dulce nombre de amigo. ¿Y cómo no había de lisonjearme aquella distinción? Carlos era el más cumplido caballero de Roma: era el modelo de la juventud, y para mí el fénix de la amistad. Colmábame de favores, y tuve la dicha de corresponderle, exponiendo dos veces mi vida por la suya. Salvele una noche del puñal de dos asesinos asalariados por un enemigo poderoso de su ilustre familia; y algunos meses después tuve ocasión de prestarle otro servicio no menos importante. La peste invadió a Roma y mi amigo fue una de sus primeras víctimas. El terror del contagio era tan profundo, que sus parientes y sus propios criados le abandonaron; entonces velé a su cabecera de día y de noche, y cuando le arranqué de los brazos de la muerte, sucumbí al terrible mal de que le había libertado.

¿Por qué el destino me ha separado tantas veces del borde de la tumba? ¿Por qué no dejé de existir entonces que aún hubiera llevado del mundo algunos aromas de ilusión?

Estaba apenas convaleciente de mi larga enfermedad cuando... déjame respirar, Anunziata, porque después de veinte años que han trascurrido desde el hecho que voy a referir, todavía está reciente y fresco en mi memoria, y siento encenderse mi sangre y rasgarse mi corazón, al fiar a mis labios tan doloroso relato.

Guardó silencio Espatolino, y rompiéndole de súbito bruscamente, dijo con voz rápida y con acento sordo:

—Mi hermana desapareció de la casa paterna, y por una carta suya supimos que seguía a un hombre con quien mantenía hacía más de un año criminal correspondencia. Declaraba haber sido seducida por falaces promesas; acusaba a su amante de ingrato y desleal; pero confesaba que le amaba todavía, y que una circunstancia desgraciada, resultado de su debilidad, la ponía en la precisión de abandonarse completamente a él.

—¡Ay! —dijo Anunziata con trémula voz y ruboroso semblante—, tienes razón en recordar ésa como la más cruel de tus desventuras, puesto que aquella desgraciada víctima te era querida. ¿Qué le queda a la mujer que todo lo sacrifica al amor?... ¡Una vida de infamia y de remordimiento!

—¡Infamia!, ¡remordimiento! —repitió con atronador acento el bandido—. Mientes, ¡mujer!, ¡mientes! La infamia y el remordimiento no pueden ser para la víctima. ¿Quiénes son los imbéciles, los malvados que se atrevieron a inventar oprobios para arrojarlos sobre el ser desvalido que sucumbe al doble poder con que revisten al hombre la naturaleza y sus propias leyes? ¿Qué principio de justicia existía en los cobardes que dieron armas a la fuerza y dijeron a la debilidad inerme, vence o serás castigada? ¡No!, en vano el egoísmo de una mitad del género humano dicta leyes inicuas para oprimir a la otra; porque la voz íntima de la conciencia protesta contra ellas, en el fondo de toda alma que no está corrompida, y dice: «La infamia y el remordimiento a la fuerza que abusa, y no a la flaqueza que sucumbe».

Interrumpiose el bandido por una carcajada, y añadió con amarga ironía:

—¡Admirables convenciones las de los hombres cultos! ¡Sería una lástima que caducasen! ¿No es cierto que sería imposible encontrar bases más sólidas para apoyar el edificio de la moral pública? ¿Quieres admirar conmigo las bellas proporciones de la máquina social? ¿Quieres que examinemos una a una todas las grandes instituciones que aspiran a eternizarse?... ¡Bien! Arranquemos sus ropajes de oropel a aquellos esqueletos carcomidos, que no esperan sino un nuevo soplo del tiempo para rodar deshechos de sus vacilantes pedestales...

—¡Calla! —interrumpió Anunziata con angustia—, calla, profeta del infierno, que anhelas cantar la ruina de cuanto acata el mundo en el centro de tu guarida de tigre. Calla, porque tu voz impía es como el huracán, y arranca de raíz todos los cultos del alma.

Espatolino no la escuchaba; había inclinado su cabeza sobre las rodillas de la joven, como si le abrumase algún grave pensamiento, y murmuraba palabras incomprensibles.

—Todo caerá —decía—, pero ¿para qué?... ¡Habrá muchos que derriben!... ¿Aparecerá en alas del tiempo algún gran arquitecto que reúna los escombros y levante?... ¿Será obra de los siglos o de un Mesías verdadero? ¡La duda!, ¡siempre la duda! El supremo bien del hombre es la esperanza... pero la esperanza no es más que eso: ¡la duda!

—¡Y bien! —dijo Anunziata con tímida voz—, ¿cuál fue la suerte de la infeliz Giulietta?, ¿cómo recibió tu corazón el deshonor de tu hermana?

El bandido se estremeció como si despertase de un penoso sueño, y respondió con acento tan hondo como si saliera de un sepulcro.

—El deshonor de mi hermana ha sido lavado con sangre; pero la herida del corazón de Espatolino está abierta todavía... porque el asesino de Giulietta... ¡era Carlos!

—¿Y qué hicisteis? —preguntó la joven.

—Te he dicho que estaba apenas convaleciente; ¡y bien!, recaí, estuve moribundo... peor todavía: ¡estuve loco!

Durante mi enfermedad mi familia imploró de las leyes la reparación de su inmerecido ultraje, y la justicia de los hombres decretó...

—¿Que se casase el conde con Giulietta? —dijo con viveza la sobrina de Rotoli.

—Que la diese oro en resarcimiento de su inocencia y de su felicidad perdidas —respondió con una risa espantosa el bandolero—. Aquella equitativa sentencia fue cumplida, pues el conde, cansado de una mujer cuya hermosura se había marchitado al hacerle padre de una criatura que vivió pocas horas, no tuvo inconveniente en someterse al fallo judicial, y la víctima volvió a entrar moribunda en el hogar paterno de que había sido arrancada. ¡Pero llevaba oro!

—¡Y le recibisteis! —exclamó Anunziata con noble indignación.

—Sí —respondió el bandido con voz terrible—, le recibí yo mismo; porque era preciso que viese con mis ojos aquella dádiva del vicio, aquel precio de la vergüenza; era preciso que sintiese arder en mi mano calenturienta el vil metal que pagaba la honra. Sobre él juré pagar la venganza a cualquier precio.

Todavía no había aprendido a asesinar y reté al conde; pero me contestó que solo entre iguales era permitido el duelo.

¡Iguales!, no lo éramos a fe, pues yo era un hombre honrado y él un pícaro. Díjeselo y me dio un bofetón. ¡No convenía a su dignidad batirse conmigo, pero le estaba permitido deshonrarme dos veces! Me puse frenético: los oídos me zumbaban y todo lo veía al través de una nube de sangre. Mi aspecto debía ser terrible, pues vi palidecer al malvado. Su cobardía aumentó mi furor. Tres veces le mandé defenderse; pero volviéndome la espalda quiso huir... se lo impedí asiéndole por los cabellos, y sepulté mi acero en su pecho. Mi mano, no avezada al crimen, dejó incompleta su obra. Algunas semanas después del día de mi venganza, el conde se paseaba por las calles de Roma y yo salía para el presidio por diez años.

—¡Por diez años!

—No te asustes, joven —repuso con sardónica sonrisa el bandolero—, pues el conde fue tan magnánimo que consiguió mi indulto al cabo de veinte meses, granjeándose con este rasgo de generosidad tanta admiración como aborrecimiento recayó sobre mí, cuyo negro crimen no había sido suficientemente expiado.

¿Sabes lo que es el presidio, Anunziata? Es un receptáculo de seres envilecidos, entre los cuales se confunden heroicos criminales. Junto a mí estaban el incestuoso y el falsario: el vicio y la desgracia se amalgaman allí, y si ésta no se contagia con aquél, se corrompe exacerbada por la injusticia. Por eso muchos entran en aquel sitio con sentimientos de hombre; pero ninguno sale sin instintos de fiera.

Yo había visto en el mundo al crimen vestido y embarnizado, y le contemplé en el presidio desnudo y sucio; ¡pero era el mismo! Hice tristes reflexiones respecto a la humanidad: me acordaba sin cesar de mi padre arruinado por un perverso, que prosperaba mientras él conquistaba trabajosamente su sustento; de Luigia vendiendo la fe sagrada de su primer amor, mientras yo la sacrificaba mi juventud; del conde gozando todas las consideraciones del mundo, mientras su víctima expiraba en el oprobio.

Comencé a considerar como una desgraciada excepción al hombre inepto para el mal, y en medio de criminales mezquinos y repugnantes concebí grandeza y poesía en el crimen. Pareciome grande como terrible la misión de vengador, y que ningún arma debía ser prohibida al que combatiese la injusticia.

Ideas raras y atrevidas pasaban y repasaban por mi cerebro; pero aún no las acogía mi voluntad, porque todavía creía en Dios, y me contentaba con implorarle a favor de la corta porción de los buenos y de la grande de los desvalidos.

Recibí mi indulto y salí del presidio: nada había sabido de mi familia durante los veinte meses de mi castigo, y me dirigí lleno de alegría al hogar querido de mi infancia. «¡Dios mío! —exclamé muchas veces mientras caminaba—, el corazón me dice que habréis mirado con ojos de piedad a una familia tan virtuosa como desgraciada, porque Vos no abandonáis al bueno aunque le enviéis dolorosas pruebas.»

Lleno de fe en la justicia divina, llegué palpitando de gozo a los umbrales de la casa paterna. Era una tarde fría y nublada del mes de noviembre... aún pienso ver aquel crepúsculo lívido, aquella neblina húmeda y pegajosa. La tristeza del cielo no había tenido, sin embargo, la menor influencia en mi espíritu, hasta el momento en que me encontré bajo el dintel de aquella puerta que en otros tiempos jamás estuvo cerrada para el infeliz sin asilo. Entonces se me oprimió el corazón y un súbito temblor recorrió todos mis miembros. Me detengo, respiro, hago un esfuerzo y entro. ¡Anunziata!, un cuerpo macilento y frío estaba tendido sobre unas pajas: ¡era mi hermana! Una vieja pálida, flaca, medio desnuda, yacía de rodillas a su cabecera y pronunciaba bebiéndose las lágrimas las preces de los moribundos: ¡era mi madre!

Detúvose nuevamente Espatolino; gruesas gotas de sudor resbalaban por su frente y sus labios se agitaban convulsos.

—¡Acaba! —le dijo Anunziata.

—¿Qué quieres que te diga, mujer, que crees en Dios y respetas a los hombres? —contestó el bandido—. Mi padre estaba preso, porque cuando yo falté de su lado no tuvo qué comer y contrajo deudas: sus acreedores le oprimían, y como no tuvo con qué pagarles, ¡robó!... Robó algunos paoli[8] a un rico que perdía cada noche al juego millares de luises de oro.

El mismo día en que llegué a mi casa, mi madre fue echada de ella porque debía los alquileres, y el dueño se había cansado de ser generoso. La pobre vieja suplicaba que la permitiesen estar algunas horas más... ¡hasta que muriese su hija! Sus ruegos fueron brutalmente desechados, y en aquel instante la moribunda se incorporó lentamente, abriendo sus grandes ojos que parecían de vidrio, y gritó: «¡Vamos pues!». Aquélla fue su última palabra; volvió a caer y ya no existía.

Mi madre y yo la acompañamos al cementerio, en donde fue enterrada de limosna. Cuando salíamos de la parroquia con el cadáver, un gran número de coches y lacayos paraba delante de sus puertas. Tuvimos que huir para no ser atropellados, y un religioso que nos acompañaba dijo:

---

8   El paolo es una moneda romana de poco valor; entran diez en un escudo.

—Es el bautizo del hijo primogénito del conde de ●●●, cuya felicidad conyugal acaba de completarse con el nacimiento de su heredero.

Mi madre levantó los ojos al cielo y murmuró una bendición al recién nacido. Yo también, como ella, miré al cielo y le dirigí la voz; pero fue para preguntarle:

—¿Dónde está tu justicia?

Mi madre, sin albergue en el mundo, se presentó en algunas casas en las que en otro tiempo era bien recibida: en ninguna encontró entonces asilo. Yo que la acompañaba advertía que a mi aspecto todos parecían horrorizados, y escuchaba, apenas volvía la espalda, repetir con desprecio: «Es el presidiario».

Busqué por todas partes acomodo, pero en ninguna lo hallé. Aquella denominación odiosa me era aplicada sin cesar, y parecía llevar conmigo un signo de reprobación eterna. «¡El presidiario!», decían mis antiguos amigos, y me volvían la espalda. «¡El presidiario!», exclamaban los que habían sido mis maestros, y se alejaban de mí con espanto.

Por espacio de tres meses mi pobre madre mendigó el pan de puerta en puerta, y en las crudas noches de diciembre y enero dormía la infeliz en los pórticos de los templos o en las ruinas de los teatros. Sufría tantas penalidades con imponderable resignación, pero muchas veces, en mitad de la noche, cuando se adormecía a fuerza de fatiga, la oía articular débilmente:

—¡Tengo hambre; tengo frío!

Apretábala frenético entre mis brazos, y si entonces se despertaba:

—¡Bendito sea Dios! —decía—, ¡qué feliz soy en tenerte a mi lado!, ¡duermo tan tranquila en tu seno! Descansa tú también, hijo mío; la noche está fresca, pero mañana tendremos un buen día.

«¡Un buen día!», todos eran iguales para ella; ¡pobre madre, que no tenía un rincón donde morirse en paz llorando a su hija! Su dolor como su miseria era un espectáculo público: los muchachos se paraban muchas veces para verla llorar, y el pudor de la desventura la obligaba a sofocar sus sollozos diciéndome:

—Es cosa triste padecer en las calles.

Al cabo de tres meses, hallándose ya muy enferma, conseguí que la admitiesen en el hospital de San Juan, y quince días después terminó la muerte sus padecimientos. Por una extraña coincidencia mi padre falleció el mismo día en su prisión, y vi enterrar su cadáver; ¡pero no el de mi madre! Aquel casto cuerpo fue entregado a los cursantes en cirugía, que hacen sus estudios en los muertos de los hospitales, y solo conseguí ver sus miembros despedazados y su corazón exprimido. ¡Mi padre al menos descansó entero en su sepultura! Allí, sobre aquella tierra sagrada; allí, pisando los restos del autor de mi vida, juzgué al cielo y a los hombres y dije al uno: «¡No te conozco!», y a los otros: «¡Os detesto!».

Algunos desesperados se habían reunido y ejercían la profesión de ladrones en las cercanías de Roma. Supe dónde se hallaban, los busqué, los vi, y me asocié a su suerte.

¿Ves esa sombra negra sobre la cual se pasean los relámpagos? Es la selva de Nettuno, trozo de naturaleza agreste y semisalvaje, amada del rayo y favorecida por los huracanes. Allí les vi por la vez primera; así como ahora, la tempestad bramaba agitando el Océano, cuya tronante voz ensordecía a la selva; las encinas seculares doblaban sus ramas bajo las alas del viento, y el rayo que hería sus altivas cabezas reverberaba su fatídica luz en las lucientes hojas de veinte puñales húmedos todavía de sangre. Allí, en aquella noche solemne y terrible consagré mi existencia al genio de la venganza, y juré por los manes de mi familia guerra eterna a la humanidad.

Jamás me he arrepentido de aquel juramento; jamás lo he quebrantado. Desde entonces soy el bandido, y mi nombre hace temblar al magnate dentro de los marmóreos muros de su palacio. Soy el bandido, pero mi mano no ha vertido nunca la sangre del pobre ni la del inocente. El oro arrancado al poderoso ha apagado más de una vez la sed y el hambre del indigente, y los delitos que dejó impunes la venal justicia de los tribunales han sido castigados por la mía inexorable.

He hecho la guerra noble y osadamente. De algunos hombres groseros e ignorantes he formado soldados aguerridos. He sacado batallones disciplinados de la que era una desordenada cuadrilla de salteadores comunes. Nuestra escrupulosa ordenanza está fundada en la más severa justicia, y garantiza su observancia el respeto que inspira mi nombre. Nuestra fuerza se ha ido aumentando rápida y considerablemente, a despecho de la Santa Sede y de sus asalariados suizos.

No hemos sido nunca del número de aquellos malhechores cobardes que huyen la luz del día en sus inmundas guaridas. Nosotros hemos tremolado con arrogancia el estandarte de la rebelión, y nuestro grito de guerra ha saludado al Sol a las puertas de las poblaciones.

Nápoles y Roma reunieron en balde sus esbirros y sus soldados: la astucia de los unos fue siempre burlada por la nuestra, y las armas de los otros se quebrantaron constantemente en nuestro valor indómito. Con fuerzas muy inferiores hemos sostenido la campaña repetidas veces, y la hemos visto terminar con gloria. Mis hazañas han sido admiradas por los mismos a quienes he derrotado; mi justicia es el espanto de los poderosos y la esperanza de los desvalidos; mi autoridad, largo tiempo acatada por las mismas de los pueblos (con quienes entró en racionales convenios cuando necesitó víveres o dinero), existe sin mengua entre mis súbditos, aun ahora, que oprimen la tierra de Italia innumerables huestes del capitán invencible. Sí; aún ahora conservo mi cetro de rey de las selvas, y, segundo Marco Sciara,[9] entono el himno de la independencia delante de los opresores de mi patria.

¡Me llaman feroz!, es verdad. En cierto día oí un hombre a mis pies pidiéndome la vida; ofrecía por rescate enormes cantidades de oro, y mis compañeros juzgaron ventajosas sus proposiciones. «¡Atrás! —les dije—, ¡desgraciado de aquél que se atreva a pronunciar que este hombre debe vivir!» No quería yo su oro; el poco que tenía en el bolsillo me bastaba. Aquel oro derretido, hirviente, debía ser un néctar delicioso para aquel monstruo de codicia, y se lo hice tragar lentamente. Su agonía fue larga y dolorosa... ¡pero no tanto como la de mis padres! Aquel hombre era el ladrón de mi familia y de mi felicidad: era Sarti, esposo de Luigia.

En otra ocasión cayó en nuestras manos una pareja interesante: una mujer hermosa que viajaba con su marido.

Hice atar a éste al tronco de un árbol, de espaldas, para no robarle la vista de su adorada compañera.

—¡Amigos! —dije después a mis alegres camaradas—, la mujer que tenéis delante es una gran señora, bella y honesta, esposa querida de un marido celoso. Hoy está libre y os la entrego.

Ella era una Lucrecia, pero se las había con hombres que no eran más escrupulosos que Tarquino. El marido, braman-

---

9 Marco Sciara ha sido el más famoso y justamente célebre de todos los bandidos italianos. Inquietó por mucho tiempo al Gobierno español, que dominaba en aquella parte de la Italia que fue teatro principal de sus inhumanas proezas. Sus talentos, su osadía, y las circunstancias favorables de la época en que vivió le proporcionaron cierta importancia política, y auxiliado por los poderosos descontentos del Gobierno llegó a hacerse verdaderamente temible.. Su prestigio fue tan alto, que la República veneciana le brindó con el mando de su ejército, honor de que disfrutó poco tiempo, pues fue asesinado por uno de sus antiguos camaradas, llevando al sepulcro el renombre de invencible.

do de cólera, cerraba los ojos; pero no podía cerrar los oídos, y cerca de ellos estaba mi voz, que le iba dando cuenta de lo que pasaba allí.

Cuando le devolví su mujer estaba la infeliz tan pálida y moribunda como Giulietta el día en que volvió deshonrada a la casa paterna.

—Id con Dios, ilustre Carlos, poderoso conde ••• —le dije entonces—, os deseo un heredero de la sangre de mis valientes, en pago del honor que me dispensasteis dándome un sobrino de la vuestra.

—¡Monstruo! —gritó Anunziata.

—La venganza es justicia —respondió con aterradora calma Espatolino—. Escucha, mujer: en esta vida de terribles emociones, entre hombres feroces y supersticiosos, que no hubiera logrado dominar con toda la superioridad de mi alma si no hubiese cuidado de inspirarles una elevada idea de mi devoción, separando para el altar de la Madonna lo más precioso del botín; entre aquellos desalmados imbéciles, que son valientes por fanatismo, y que no salen a robar sin colgarse al cuello un relicario bendito... entre ellos, repito, he alcanzado yo también una fe, una creencia que reemplace a todas las pérdidas. ¡Creo en ellos!, creo en esos bandidos que se han consagrado al crimen sin comprenderle siquiera, soportando con indiferencia la infamia y esperando con calma el patíbulo.

Proscritos del mundo, son mi familia y mi pueblo: emancipados de todas las leyes, no reconocen otra que la de mi voluntad. Cuento siempre con ellos y tengo confianza en su lealtad; porque pueden aflojarse los más estrechos lazos de la naturaleza y del corazón; pero cada día se hace más fuerte el que une a los hombres ligados por el delito.

Calló Espatolino; Anunziata se había desmayado. Bañaba frío sudor sus desencajadas facciones, y su cabeza, inclinada hacia la espalda, dejaba ver un rostro tan blanco y tan inmóvil como si fuese de mármol.

De repente se estremeció toda, y lanzando un grito profundo, penetrante e histérico, se incorporó con violencia repitiendo:

—¡La muerte!, ¡la muerte para mí y para el hijo infortunado que llevo en mi seno!

A estas palabras, a esta revelación inesperada, un incomprensible trastorno se verificó sin duda en el alma del réprobo.

Iluminose su fisonomía con la luz de sus grandes ojos, que adquirieron súbitamente una expresión sublime; estuvo algunos momentos mudo y estático bajo la impresión de un sentimiento nuevo y poderoso, y cayó por último a los pies de su esposa, inclinando con respeto su altiva frente.

—¡Soy madre! —le dijo ella con patético ademán—, no condenes a un infeliz que aún no ha nacido a la suerte cruel que me agobia. No abra jamás los ojos para ver un mundo que le desecharía, y donde por primer espectáculo habría de contemplar el suplicio de su padre. Tú has declarado la guerra a la sociedad y la sociedad te ha maldecido. Has blasfemado de Dios y Dios te ha abandonado. ¿Qué le darás a tu hijo si no tienes para él ni una religión ni una patria? ¡Mátame Espatolino, mátame por piedad!

—¡Matarte! —respondió con voz trémula—, ¡a ti, que haces renacer la felicidad en un corazón aridecido por el crimen y la desventura! ¡A ti, cuya voz es omnipotente en mi alma; cuya hermosura me haría creer en la existencia de los ángeles!... ¡Levántate, mujer! —prosiguió bajando hasta las plantas de la joven su soberbia cabeza—, levántate y dispón de tu esclavo. Díctame tus leyes con ese acento augusto con que me has dicho: «¡Soy madre!».

—Abandona la vida horrible que llevas hace tantos años. ¡Aún es tiempo! ¡Dios te habla por mi boca! Su misericordia es sin límites... Él te llama y te espera... para perdonarte.

—¿Y los hombres?, ¡los hombres! —dijo con sorda voz el bandolero.

—¡Perdonarán también! —respondió con exaltación su esposa—. Yo alcanzaré el perdón; ¡sí!, le alcanzaré porque me siento elocuente para pedir por el padre de mi hijo. ¡Di una palabra, una sola palabra! Dime que estás arrepentido, que quieres reconciliarte con el cielo y con tus semejantes... ¡Dilo y soy feliz!

—Selo, pues —exclamó él levantándose y tirando lejos de sí el primoroso puñal que nunca le abandonaba—. El cielo o el infierno, el crimen o la virtud... dame lo que quieras; ¡pero sé tú dichosa!

Anunziata se puso de rodillas e iba a dar gracias al Altísimo, cuando el sonido vibrante de una campana dio distintamente las doce. Estremeciose Espatolino y su varonil semblante trasparentó, por decirlo así, una agonía inexplicable.

—¡Me esperan! —murmuró por último con ahogado acento.

La joven se asió de sus rodillas gritando:

—¡Yo te imploro!

—¡Confían en mí! —repuso el bandido arrancándose los cabellos con una mano convulsa.

—¡Yo no tengo en el mundo otro apoyo ni otra esperanza! —añadió ella.

—¡Volveré!

—¡Hallarás mi cadáver!

Gruesas gotas de sudor resbalaban por las lívidas mejillas del bandolero, y la lucha atroz que entonces pasaba en su interior se retrataba con energía en sus miradas.

Anunziata no cesaba de exclamar:

—Yo te imploro a nombre de tu hijo.

—¡Bien! —dijo por fin Espatolino—, por él te juro abandonar esta carrera de sangre. Tengo oro, mucho oro... ¡Si él bastase a comprar mi perdón!... Los hombres no me le darían, estoy cierto; pero acaso le vendiesen. Yo le compraría a cualquier precio... ¿Pero cómo?, ¿cuándo?, ¡aún no!... Tengo otros deberes. Mis compañeros me esperan y les pertenezco todavía.

—¡Y a mí, y a mí!... —gritó la joven; pero no la escuchaba ya su amante. Habíase lanzado con violencia fuera del aposento, y la infeliz al verse sola y nuevamente abandonada, prorrumpió en amarguísimo llanto.

Su flaqueza sin embargo no fue larga: una súbita inspiración pareció iluminar sus abatidos ojos. Dio algunos pasos con agitación; arrodillose después y oró en silencio por algunos minutos... luego se levantó con ademán resuelto y su rostro apareció tranquilo.

—¡Lo haré! —dijo—, Dios me inspira y la Santa Madonna me protege.

VIII

Los agentes y espías que mantenía Espatolino en la mayor parte de las principales ciudades del territorio de Nápoles y Roma, eran tan numerosos como exactos. Sus frecuentes avisos nada dejaban ignorar al bandolero de cuanto pudiera convenirle, y por aquel medio estaba al corriente, no solamente de todas las operaciones del Gobierno, y de las salidas e itinerarios de aquellos viajeros de los cuales podía sacarse un abundante botín o un cuantioso rescate, sino que también estaba informado con exactitud escrupulosa de la vida y situación de las personas particulares que por cualquier motivo le interesaban.

Así había sabido que poco tiempo después de la peligrosa estratagema con que salvó la vida del hijo de Giuseppe, había terminado dicho anciano su larga y amarguísima carrera, y que la joven María, a quien por medios tan astutos como delicados había proporcionado aquel malhechor extraordinario una dote proporcionada a su clase, debía casarse muy en breve con un artesano a quien amaba. También fue instruido de que Angelo Rotoli, torvo y sombrío desde que aconteció la pérdida de su perla y el malogro de su venganza, había dejado a Nápoles con el coronel Dainville, trasladándose a Roma, donde permanecían ambos, viviendo el uno en una magnífica habitación en la plaza de España, y el otro en un modesto cuarto cerca de la puerta de San Lorenzo.

Las relaciones entre el oficial francés y el esbirro italiano parecían muy frías; pero aún no totalmente cortadas, bien fuese porque conservase todavía el extranjero reliquias de su desgraciada pasión, y con ellas la esperanza de recobrar a Anunziata, bien que algún otro interés le obligase a no romper abiertamente con aquel agente tan astuto como vengativo.

Lo cierto es que Arturo de Dainville y Angelo Rotoli estaban en Roma, y que habían sido informados de esta circunstancia Espatolino y su esposa.

—¡Pietro! —dijo ésta al hijo del difunto Giuseppe en aquella noche memorable que ha dado argumento al anterior capítulo de nuestra verídica historia—. ¡Pietro!, solos estamos; ¿no es cierto?

—¡Solos! —respondió el mancebo con semblante triste—. El capitán se ha marchado a la selva, donde debe repartirse entre los compañeros no sé qué botín, que al anochecer habrá recogido Roberto de unos extranjeros que han tenido el singular capricho de atravesar las lagunas Pontinas desde Sermoneta, para visitar la torre de Astura. ¡Pobrecillos!, contaban con dormir tranquilamente en Nettuno, pues se dice que todos nos creen muy lejos de estos lugares, merced al cuidado que ha tenido el capitán de llamar la atención de las gentes por otro lado...

—¡Cómo!, explícate —dijo la joven.

—¡Pues qué!, ¿no sabéis que una partida de los nuestros ha hecho algunas escaramuzas en las inmediaciones de Civita Vecchia y Corneto, mientras otra más numerosa forma su nido en la Somma,[10] de donde baja a inquietar, ora a los pacíficos habitantes de las orillas del Nera, ora a los orgullosos moradores de Spoleti? De este modo consigue el capitán apartar a los gendarmes del verdadero sitio en que tiene su cuartel general, y ha podido el teniente Roberto dar a mansalva un buen golpe en los pobres viajeros, a quienes habrá aligerado esta tarde, y que según tengo entendido son gentes de pro, que llevan buenos equipajes.

—¡Siempre robos! —exclamó Anunziata cubriéndose los ojos llenos de lágrimas.

10 Somma es el nombre que dan a una escarpada montaña que hay entre Terni y Spoleti.

—En fin —dijo Pietro—, no tan mal cuando son extranjeros; ¡pero aquel desdichado príncipe Lancelotti que fue tan maltratado a la puerta misma de su palacio Ginnetti, como quien dice!...

—Pietro, tus manos al menos no se han manchado todavía con la sangre o el oro de las desventuradas víctimas que aquellos feroces bandidos sacrifican a su insaciable codicia. ¡Oh!, ¡sí!, gracias al cielo, aún existe cerca de mí un hombre cuya frente pueda levantarse al cielo sin la mancha del asesinato.

—Tenéis razón, no es acción muy buena que digamos, el cogerse lo ajeno contra la voluntad de su dueño; y por lo tocante al asesinato... ¡Dios y la Santa Madonna me preserven de semejante tentación! Pero también es cosa desagradable estarse aquí mano sobre mano cuando los demás arriesgan su vida y se enriquecen, y... ¡vamos!, todos tenemos nuestro poquito de codicia, y aparte de esto, debo tantos favores al señor Espatolino, que quisiera de buena gana estar a su lado en los momentos del peligro para defenderle como lo hace un perro fiel con el amo de cuya mano recibe el pan.

—Acaso puedas hacerle mayor servicio que el que deseas —respondió Anunziata—. Escucha, Pietro: aquél que te salvó del patíbulo; aquél que ha sacado de la miseria a tu hermana; aquél que en medio de sus execrables crímenes ha sembrado beneficios que prueban que su alma extraviada no nació destituida de nobles y... generosos impulsos... Espatolino en fin, puede deberte más que la vida... ¡la felicidad!

—¡A mí! —dijo el mozo abriendo cuanto le fue posible sus ojos negros y expresivos—. Si así fuera... Pero no concibo... ¡Esperad!, algunas veces, cuando me ve triste por la vida holgazana a que me ha destinado, me dice pegándome un golpecito en el hombro: «Pietro, no te impacientes por entrar en esta senda a cuyo término me hallo; acuérdate de que una vez lanzado en ella se hace imposible el retroceder. Si lo que anhelas es darme una prueba de tu gratitud y afecto, sabe que ninguna reputaría mayor que la que ahora recibo de ti. Tú eres el fiel custodio de mi felicidad; el consolador de mi esposa. Guárdame bien ese tesoro y te deberé mucho más de cuanto te he dado». Éstas poco más o menos son las palabras que me dice el buen capitán, y bien sabéis que no las echa en saco roto; no por cierto. Desde que estáis bajo mi custodia no hay alma viviente a quien permita traspasar estos umbrales; y para que llegasen a vos preciso sería que pasasen por encima de mi cadáver. Harto me costó negarme a vuestros deseos cuando queríais hace tres días salir a pasearos por la ribera; pero el capitán me tiene dicho: «Haz todo cuanto ella te mande, menos el permitirla que se exponga a ser vista de nadie, ni el abandonarla un momento».

—Y sin embargo —repuso la joven tendiendo su delicada mano al hijo de Giuseppe—, en la infracción de esas órdenes estriba la salvación de Espatolino, y la desobediencia será en esta ocasión el servicio más importante que puedas prestarle. Pietro, acuérdate de tu buena madre, de tu honrado padre, de tu inocente hermana; trae a la memoria tantos ejemplos de virtud como has encontrado en tu familia, y no olvides tampoco aquel suplicio afrentoso que viste tan de cerca.

Pietro se estremeció.

—Aquel suplicio —prosiguió la joven— que es el término inevitable de la funesta carrera de Espatolino y sus abominables cómplices: ¡el inexorable fantasma que ve delante de sus ojos siempre, en todas partes! El patíbulo cierra el horizonte de la vida sangrienta del bandido, y más allá... ¡oh Pietro!, más allá del patíbulo otro suplicio eterno le está aguardando.

—¡Eterno! —exclamó con un gesto de horror el hijo de Giuseppe—. Eso es demasiado: ¡pues qué!, ¿no es bastante castigo la muerte?

—¡No! —respondió con severo tono la esposa del bandolero—. La sociedad se habrá vengado de un insensato que pretendía desafiarla; la tierra se habrá purgado de una fiera que la regaba con sangre; pero la justicia divina no quedará satisfecha. ¡Y qué!, ¿pudiera expiar el dolor de un momento una vida entera de delitos?, ¿pudiera lavar la sangre de un culpable la de tantos inocentes, víctimas de su ferocidad? ¿Dónde estaría entonces la justicia?, ¿cómo desoiría Dios los clamores de tantas almas arrancadas del mundo súbitamente por una mano homicida, y lanzadas a la eternidad sin darles tiempo para prepararse a comparecer ante el Juez supremo? Si aquellas almas desventuradas estaban en pecado y sufren los tormentos perdurables, ¿consentiría el Altísimo que el bárbaro que las arrojó al abismo entrase inmaculado por las estrechas puertas de la gloria, sin otra expiación que un minuto de agonía?

—¡Pues qué! —dijo Pietro con el cabello erizado y los labios trémulos—. ¿No vale para nada el arrepentimiento? ¿No hay esperanza para el asesino?

—Sí, porque Dios es misericordioso a la par que justo. Pero el arrepentimiento de un ajusticiado rara vez es contrición verdadera y profunda: lo que parece arrepentimiento no es más que miedo, porque en aquellas horas terribles el aspecto de la muerte enflaquece el espíritu; y si se siente pesar de haber cometido el crimen es solamente por el horror del castigo. La verdadera expiación de una vida de delitos no es la muerte; es la penitencia. La justicia divina no pide sangre, sino lágrimas; no pide un momento de tormento, sino largos días de reparación y de virtud. Quiere que no se prive al pecador del castigo del remordimiento; quiere que viva y padezca, y que no salga del mundo, donde derramó tantos males, sin haber tenido tiempo para sembrar algún bien.

—Pero eso es imposible —observó Pietro moviendo la cabeza—, cuando la justicia echa el guante a un facineroso lo despacha muy pronto al otro mundo; y si Dios por su infinita misericordia no le deja volver para que haga en éste algunas buenas obras, no alcanzo de qué modo pueda complacer a su Divina Majestad el pobre diablo a quien le acaricia la garganta la mano del verdugo.

—¡Eso es cruel! —dijo con melancólico acento Anunziata—. ¡Es cruel a la verdad arrancar a un infeliz con la existencia la posibilidad del arrepentimiento! Pero escucha, Pietro: yo no quiero que muera Espatolino de ese modo; quiero que su alma grande, aunque criminal, conozca a Dios y desarme su ira; quiero que los últimos años de su vida sean consagrados a la expiación, y que practicando las virtudes repare, en cuanto sea posible, sus crímenes pasados. El odio le precipitó al abismo; el amor debe sacarle de él. Sí, yo haré que sea tan bueno como malo ha sido hasta hoy.

—Eso no me parece fácil; y no lo digo porque crea muy malo al capitán, no por cierto. Bien sé que no le faltan buenas cualidades: mirad; me ha contado Roberto (y no por celebrarlo lo decía el grandísimo bribón) que jamás permite que se haga daño a los que no tratan de hacerlo; que es piadoso con las mujeres, y... os referiré algunos rasgos suyos que os harán conocer lo bueno que es algunas veces el señor Espatolino, a quien Dios y la divina Madonna libren de todo mal. Muchos años hace que pasó lo que vais a oír; pero no importa la fecha: cuando Roberto me contaba estas cosas la semana última, casi casi me parecía que las estaba mirando. ¡Verdad es que las escuchaba con tanto gusto!, porque por más que diga el teniente que son rarezas y extravagancias del capitán, siempre sostendré que tales extravagancias le hacen honor. Figuraos, señora Anunziata, que era en aquel tiempo en que comenzaba a extenderse por esos mundos la fama de nuestro jefe; y aunque era muy muchacho por entonces, ya había dado una buena lección a los soldados del Santo Padre. La banda se hallaba entonces diseminada por las cercanías de Monti Tifati, pues a pesar del cuerpo de guardia que custodiaba la entrada del territorio de Nápoles, el capitán y su gente siempre han tenido maña para pasearse por todas partes sin que nadie se lo estorbe. Creo que por entonces se preparaba la cuadrilla a caer sobre la Calabria; pero se entretenía mientras tanto en aliviar del peso de su equipaje a los viajeros de aquel camino. Era a la caída de una tarde bastante nebulosa, cuando fueron apresados por algunos de la cuadrilla tres hombres, de los cuales solo el uno tenía alguna apariencia de utilidad. Dos viajaban juntos y a pie, y el otro iba a caballo con solo un criado que había escapado con su mula burlando la ligereza de los bandidos. Cuando vieron éstos lo poco que había que esperar de sus prisioneros, se enfadaron tan de veras, que querían colgarlos por los pies de las ramas de un árbol.

—¡Bárbaros! —exclamó Anunziata.

—No hay por qué asustarse, mi capitana —dijo el mozo—, el jefe no permitió aquella chanza pesada, y llamando al uno de los viajeros pedestres le preguntó quién era y adónde iba. El muchacho, que tenía una fisonomía la más traviesa y desvergonzada del mundo, respondió sin turbarse: «Quién soy, no lo sé; por ahora creo que soy poco menos que un cadáver, y nunca he sido otra cosa que un nadie».

—Explícate —le dijo el capitán—, pues no estoy de humor de descifrar enigmas.

—¡Por vida de Baco! —respondió el perillán—, que aquí no hay otro enigma que vos, señor facineroso, que presentáis la anomalía de una figura de ángel con un alma de demonio. En cuanto a mí os he dicho la verdad pura y neta. Soy un nadie; un quídam, un expósito que no sabe a quién debe el don de esta mísera existencia, que maldito para lo que me sirve.

—¿Qué oficio tienes, bribón? —preguntó Espatolino.

—Todos y ninguno. Sirvo a cuantos me ocupan, salgo en las comparsas de los teatros de segundo y tercer orden; muelo los colores de los pintores; llevo las pruebas de sus obras a los escritores que las tienen en prensa; auxilio a los peluqueros, ayudo a los pescadores, sirvo a las damas que tienen amantes tiernos y maridos celosos, en fin, soy el factótum de Nápoles, y ahora iba a Castellone encargado de cierta comisión galante, en la que esperaba ganar algunos carlinos.[11]

—¿Y pensabas ir a pie hasta Castellone?

—¡Toma!, hasta el paraíso terrenal iría tan fresco, si es que el paraíso terrenal es otra cosa que el reino de Nápoles.

—No siempre te sobrará el pan, si no cuentas con otros medios para procurártelo que las eventualidades de tus numerosos empleos.

—Así, así —respondió el mozalbete—, cuando otra cosa mejor no se me proporciona, hago versos muy bonitos, y las gentes del pueblo me dan dos cavalli[12] por cada veinte coplas.

—¿Tan buenas son?

—No lo sé; pero yo consagro por lo común mi musa a las gentes de vuestro oficio, y refiero vuestras picardías con tanta verdad, que todos los que las oyen dicen que no hay más que pedir. No se crea, sin embargo, que yo posea, como aquel mancebo que iba en mi compañía, un genio improvisador y estupendo, eso no; soy un ignorante que lo hago por pura afición, o mejor diré por pura necesidad, y mi compa-

---

11 El carlino es una moneda napolitana que equivale, con corta diferencia, a un real de vellón.
12 El cavalli es una moneda muy ínfima.

ñero ha leído libros y tiene acogida entre personas de alta clase que gustan mucho de oírle cuando está inspirado. Yo nada compongo de súbito: pienso mucho mis coplas y las escribo despacio.

—Preciso es, pues —dijo el capitán—, que parecía complacido con la charla de aquel tunantuelo, que medites ahora mismo alguna de tus lentas creaciones y te concedo dos horas para presentármela concluida. Tengo curiosidad de conocer tu musa, y no la pagaré con menos generosidad que los paisanos que te cambian dos cavalli por veinte coplas.

—En ese caso no hay más que hablar —respondió alegremente el muchacho—, precisamente traigo en el bolsillo una historia en verso que está próxima a la conclusión, y que debe interesaros tanto más cuanto que es la vuestra.

—¡La mía!

—Sin duda —repuso el poeta, sacando del bolsillo algunos pliegos manuscritos—, es verdad que al pintaros, físicamente se entiende, no anduve muy exacto. ¿Quién diablos había de pensar que fuerais tan guapo mozo? Tampoco se me ocurrió la idea de que vuestros súbditos podían ser unos chicos de mediana traza: ¡ya se ve!, todo el mundo imagina feos y sucios a aquellos hombres que siempre andan revueltos con la sangre.

Una sonrisa imperceptible pasó fugaz sobre los labios del capitán; pero los otros bandidos dejaron oír un murmullo de desaprobación. El viajero, sin desconcertarse, desenrolló sus manuscritos, y con voz campanuda y acento declamatorio comenzó su lectura:

«Vida y hazañas del feroz Espatolino, jefe de la homicida banda que infesta el camino de Roma a Nápoles, extendiendo sus correrías hasta el Abruzzo y las Calabrias.»

—¡Bien! —dijo Espatolino sentándose tranquilamente—, veamos cómo nos tratas.

El pilluelo comenzó a declamar con énfasis sus mal medidas estrofas; pero ¡qué cosas, Santísima Madonna!, ¡qué cosas había aglomerado allí! En primer lugar estaba el retrato del capitán, que, según el poeta, era tuerto, jorobado, con más cicatrices que cabellos, y más deformidades que años. Luego iba la descripción de su tropa: todos los bandidos eran unos semigigantes medio desnudos, sucios, repugnantes, con uñas tan largas como el gavilán, y pelos tan ásperos como los del erizo.

Al escuchar tan pícara pintura se pusieron furiosos los bandoleros, y como perros picados de hidrofobia se abalanzaron sobre el infeliz. El capitán les gritó con voz de trueno: «Atrás», y el lector continuó impávido su tarea, después de dar gracias a Espatolino con un movimiento de cabeza.

Lo que seguía a la pintura de los bandoleros no era menos lisonjero para aquéllos que lo que ya habían oído. Allí había banquetes en que los antropófagos ladrones se comían a medio asar la carne de sus víctimas, y bebían en sus calaveras. Allí danzas de mujeres desnudas que llevaban por arracadas narices humanas, y por collares numerosas sartas de dientes arrancados a los cautivos que esperaban rescate. El capitán ahorcaba a cada paso ocho o diez de los suyos, cuyo número no se disminuía, sin embargo, y era una risa oír con cuánta profusión le regalaba los halagüeños epítetos de salvaje, tigre, monstruo y otras lindezas del mismo género.

Los camaradas de cólera, y le miraban con ojos de basilisco; pero el capitán les imponía silencio con un gesto, y el poeta concluyó sin contratiempo su lectura.

—¡Bien! —le dijo Espatolino—, esa narración es muy bella, y yo me encargo de que sea verídica. Para justificar la pintura que haces de nosotros, es preciso que correspondamos a la idea que te has formado de nuestras costumbres, y en ese supuesto determino celebrar uno de esos festines que con tanta elocuencia describes, y en el cual nos regalaremos con tu cuerpo. Te permito concluir tu poema mientras preparamos la función, y te empeño mi palabra de que tu obra llegará a Nápoles sin alteración ninguna.

—Hágase la voluntad de Dios —respondió el mancebo—. A decir verdad no esperaba este desenlace, pues al veros me persuadí que había andado desacertado en mi pintura. No me gusta mucho, por cierto, el morir a los diez y ocho años, y ser devorado por vosotros; pero en fin, algún consuelo es haber tenido el talento de adivinar con tanta exactitud los extremos de vuestra barbarie, y mi obra, que no era más que un juguete de fantasía, será desde hoy una historia exacta y lastimosa, que me conquistará nombradía. ¡Vamos allá!, ¿cuántas horas me concedéis para concluir mi relación?

—Diez minutos —respondió Espatolino— pasados que sean serás entregado a mis amigos, que ansían ya conocer el sabor que tiene la carne de un hijo de Apolo.

—¡Bien! ¡Bravo! —gritaron los bandoleros batiendo las manos—. ¡Viva el capitán!

—Lo asaremos a fuego lento —dijo uno.

—No, cocido con vino —exclamó otro.

—Mejor es freírle con su propia grasa —observó un tercero.

El capitán miraba fijamente al mancebo mientras aquellas bárbaras bufonadas eran pronunciadas por los bandidos en medio de horribles carcajadas; pero ¡cosa extraña!, aunque un poco pálido, el poeta estaba sereno y cortaba una pluma y pedía por favor un poco de tinta para concluir su obra.

—Con tu sangre —le dijo Espatolino—; eso aumentará el mérito de la historia.

El joven sin vacilar se pinchó con su cuchilla; mojó la pluma en su sangre, y comenzó a escribir.

—¡Basta! —gritó de súbito el jefe—. ¡Joven!, ¡eres valiente!, ¿quieres vivir y quedarte con nosotros?

—Vivir no me pesaría —respondió limpiando su pluma—; pero quedarme con vosotros... ni se diga. No me gusta vuestra profesión, señores bandoleros, y además, caso de deberos la vida, tengo la obligación de consagrársela a un viejo puzzaro[13] que me ha servido de padre, y que se moriría de hambre a no ser por mí.

—¿Y si te diese oro para sacarle de la miseria a ese anciano?

El muchacho meneó la cabeza, y dijo con expresivo movimiento:

—¡Uf!... vuestro oro no da ventura: es mal ganado. Vale más vender veinte coplas por dos cavalli, y ayudar a los pescadores por un par de truchas, y moler los colores por tal cual plato de macarrones que recibo de los pintores... En fin, vale más cualquier cosa que ser rico con vuestra riqueza.

—¿Y si no tienes otra alternativa que nuestro oficio o la muerte?

—Todos hemos de morir, y así como así vale más ser comido por hombres que por gusanos. ¡Ea!, estoy pronto.

—¿Qué os parece que hizo entonces el capitán, señora Anunziata?... ¡Vaya un hombre guapo! «Dame ese poema —dijo al poetastro—, merezco la preferencia, puesto que te he proporcionado un sublime momento de inspiración con el horror de la muerte. Se dice que el poeta es como el cisne, que guarda su cántico más hermoso para celebrar la agonía. Toma el precio de tu obra, y sigue tu camino.»

Diciendo y haciendo, le puso en la mano una bolsa muy linda, que según la aseveración de Roberto contenía doscientos luises de oro por lo menos, y le dijo:

13 Puzzaro es el nombre que dan en Nápoles a los que excavan la tierra para los pozos, cisternas, etc.

—Puedes tomarlos sin escrúpulo, pues no son robados. Me los regaló una dama, a la que tuve ocasión de prestar ayer un ligero servicio.

—Los tomo en ese concepto —dijo el mozo—; pero como me habéis ocasionado un sustillo mediano, os quiero deber además un buen vaso de vino.

Diéronselo los bandidos refunfuñando, y lo vació de un golpe, brindando por el capitán. Luego lo entregó sus manuscritos, le dio un cordial abrazo, y se marchó más alegre que unas pascuas.

Enseguida hizo venir el jefe al otro poeta, a quien habían tenido a una distancia suficiente para que no oyese nada de cuanto se decía a su compañero. Estaba aquel infeliz más muerto que vivo, y temblaba como un azogado.

—¡Voto a Baco! —exclamó Espatolino—, ¿qué significa ese temblor?

—¡Perdón!, ¡piedad!, ¡piedad, señor excelentísimo! —contestó con trémula y ahogada voz el prisionero.

—Sabemos que eres poeta improvisador —dijo el jefe—; serénate, pues, y danos una muestra de tu talento.

—Soy un ignorante, un bruto, señor eminentísimo —decía tartamudeando el pobre mozo—, dejadme besar vuestras plantas y no exijáis... El placer... el honor que recibo con verme en vuestra presencia me embarga los sentidos de tal modo, que no puedo... ya veis, ilustre señor, tened piedad de este desventurado.

Empezaba el capitán a hinchar las narices, y dijo con voz de trueno:

—¡Ea!, improvisa, o te mando ahorcar ahora mismo.

—Voy, voy al instante... ya comienzo... no se altere vuestra benignidad —murmuraba el pobre diablo pálido como un cadáver y dando traspiés como un borracho.

—Un vaso de vino a este miserable —dijo el jefe.

Presentáronselo al instante; pero era tan violenta la convulsión de sus nervios, que el cristal se quebró entre sus dientes.

—¡Cobarde! —dijo Espatolino encogiéndose de hombros con ademán de desprecio.

—¡Que improvise!, ¡que improvise! —exclamaron los bandoleros.

El infeliz comenzó a versificar malamente, llamando a los ladrones héroes magnánimos, guerreros invencibles y otras mil adulaciones.

—Éste sí que es buen poeta —decían aplaudiendo los bandoleros—, ¡para que se vea que no hay hombre que no sea sensible al elogio! Éste sí que merece un regalo, no aquel bribón que decía tan odiosas mentiras.

El improvisador, alentado con aquellas muestras de aprobación, multiplicaba las adulaciones hasta el extremo más ridículo de exageración.

—Vuestra noble independencia —decía—, vuestra heroica constancia será loada por la más remota posteridad. La envidia se ensaña vanamente por deslumbrar vuestra gloria: la fama divulgará vuestros invictos hechos del uno al otro polo.

—¡Viva! —gritaban entusiasmados los bandidos—, ¡bravo! ¡Esto se llama talento! ¡Éstos sí que son versos!

—¡Basta! —dijo frunciendo el entrecejo Espatolino—, coged a ese miserable y dadle en mi presencia veinticinco palos.

Esta orden inesperada dejó estáticos a los bandoleros, mas no así al poeta, que comenzó a gritar desaforadamente, haciendo contorsiones como un endemoniado.

—¿No habéis oído? —añadió Espatolino con gesto de impaciencia—, veinticinco palos al instante.

El tono con que repitió la orden no permitía réplica. Fue obedecido.

Luego que el apaleado volvió en su acuerdo el capitán le dijo con severo semblante:

—Las bajezas en que has incurrido te hacen tan indigno de la condición de hombre, que deberíamos degradarte de ella. En consideración a tu talento, por mal que lo hayas empleado, me limito a la ligera pena que acabas de sufrir; pero que no te acontezca segunda vez prostituir tan torpemente como hoy lo has hecho la noble misión de la poesía.

—¡Digo, señora Anunziata!, ¿no es verdad que fue muy bien dicho todo aquello?, porque al fin, un bandolero, por bueno que sea, no es un héroe glorioso, ni merece que se le llame señor eminentísimo y otras tonterías por el mismo estilo.

Pues hete aquí que no quedaba ya más que el tercer preso, que era el que iba a caballo, y parecía ser un hombre en la flor de su vida, y de no despreciable calidad.

—¡Acércate! —le dijo el capitán.

Hízolo, y todos admiraron la nobleza de su porte: tenía, dice Roberto, una mirada que se iba derecha al corazón, y una frente que parecía iluminada.

—¿De dónde venías? —preguntó el jefe.

—De Sessa.

—¿Adónde te dirigías?

—A Nápoles, donde resido.

—¿En qué te ocupas en aquella ciudad?

—Unas veces pienso y otras escribo.

—¡Hola!, ¿por ventura eres también poeta?

—No hago versos.

—¿De qué clase son, pues, tus escritos?

—Estudio la ciencia de la legislación, y escribo mis observaciones.

—¿Cómo es que viajas tan a la ligera?

—Porque así me agrada: soy enemigo del fausto, y en un viaje prefiero la ligereza a la comodidad.

—¿Eso quiere decir que si ahora te vemos con un equipaje poco brillante es por elección y no por necesidad?

—Así es.

—¿Y que reteniéndote entre nosotros podremos esperar un buen rescate?

—Seguramente que mi familia no me dejaría morir por poseer algunos miles de escudos más o menos.

—¡Bravo!, eres un hombre franco; así me agrada. ¡Y bien!, ¿querrás comunicarnos algunas de aquellas observaciones que has hecho en el estudio de la legislación?

El prisionero sacó un libro en octavo, y dijo presentándolo al jefe:

—Éste es el último volumen que he publicado de una obra en que las consigno todas.

—¡Veamos!

Espatolino abrió aquel libro, y miró rápidamente su portada. Pero, ¡extraño caso!, al punto suelta una exclamación, mira absorto al prisionero, se acerca, dobla la rodilla, y le besa la mano con tanto respeto como un chicuelo a su maestro.

Los camaradas abrían tanto ojo y se miraban estupefactos, sin saber qué significaba aquello; pero el capitán se levanta, y ordena que toda la cuadrilla llegue a tributar sus respetos al prisionero. Vacilan los bandidos, que empiezan a sospechar que el capitán se ha vuelto loco; pero indignado éste al notar la poca prisa que se dan en obedecerle, grita con acento y ademán imperioso:

—¡Pronto, voto a Baco!, ¡pronto de rodillas delante del ilustre Filangieri!

Cuenta Roberto que el célebre legislador permaneció algunas horas con el capitán, que lo colmó de atenciones, y que a todos pareció tan amable, que le vieron partir con pesar. Espatolino le dio escolta hasta las cercanías de Nápoles, y siempre se mantuvo descubierto delante de él. Cuando le hablaba lo hacía con el mayor respeto, y repetidas veces le besó la mano, gritando enseguida: «¡Viva el caballero Gaetano Filangieri! ¡Viva el talento!». Los camaradas no se descuidaban en repetir: «¡Viva!».

En fin, cuando algunas semanas después se supo la muerte de aquel grande hombre, asegura Roberto que vio llorar a Espatolino, y que se le oyó exclamar: «Tu libro, genio divino, será inmortal; sobre tu glorioso polvo pasarán las generaciones acatándole, y llegará el día en que esas páginas que legas al porvenir sirvan de base al gran código de la nueva redención».

—¡Y bien!, ¿qué pensáis de todo esto, señora capitana?

—¡Pienso que aquella alma noble, aquella grande alma de mi esposo, no había sido formada para el crimen; que yo debo redimirla, y que lo haré! ¡Pietro!, pronto rasgará el Sol las tinieblas de la noche. La tempestad ha pasado: el tiempo se serena, y es preciso partir.

¡Partir!, ¿estáis loca?, ¿y adónde?

—A Roma.

—¡Glorioso San Estéfano! ¿A Roma decía?

—A Roma; allí está Rotoli, y es preciso que le hable.

—¿A vuestro tío, señora?, ¿queréis que os eche el guante?

—¿Y qué haría con una pobre muchacha deshonrada, perdida?

—Vengarse.

—No, Pietro; le conozco; soy poca cosa para satisfacerle.

—¿Pero qué esperáis de él?

—Es codicioso, y le ofreceré diez mil escudos si se encarga de una proposición que quiero hacer al Gobierno.

—¡Vos!, ¡una proposición al Gobierno!

—Espatolino es muy rico. Tres grandes talegos llenos de luises de oro recibirá el Gobierno si consiente en firmar su indulto. No importa que le destierren de Roma, y aun de toda Italia. Nos iremos a Suiza, y en medio de sus montañas pintorescas viviremos tranquilos y dichosos.

—Eso me parece muy bueno; ¿pero ir vos a Roma?

—Es preciso; la vieja Lucía, única persona que tenemos en este instante bajo el techo que nos cubre, duerme sin duda.

—Como un leño.

—Pues bien, es menester aprovechar su sueño; Espatolino vendrá apenas amanezca: que no nos halle aquí.

—¡Estáis delirando! Nos alcanzaría, y... ¡pobres de mis huesos!

—Tenemos en casa buenos caballos; no nos alcanzará.

—Pero si es fuerza que alguien hable al señor Angelo, ¿no vale más que yo me encargue de la comisión, y vos quedéis con vuestro marido?

—¿Olvidas que si cayeses en manos de Rotoli irías de seguro al patíbulo?

—¡Madre di Dio!, eso es tan cierto como la existencia del Sol.

—Pronto aparecerá en el oriente ese astro divino, Pietro, ¡marchemos!

—Pero yendo con vos, por fuerza habrá de verme Rotoli.

—No, yo sabré evitarlo. Escucha: no iremos desde luego a Roma; mas acaso no haya necesidad de ir nunca. Mi tío puede hablarme en algún lugar de las inmediaciones, y espero que todo se arreglará a satisfacción.

—Siendo así... pero...

—¡Pietro!, ¡un cruel presentimiento me advierte que si no hago lo que el cielo me ordena, Espatolino perecerá muy presto en el patíbulo!

—¡Dios mío! —dijo Pietro temblando.

—Y sobre tu conciencia caerá la responsabilidad de tan enorme desgracia. ¡Tú serás quien le habrás cerrado las puertas del arrepentimiento y la expiación!... Tú quien...

—¡Basta, mi capitana, basta! Estoy pronto a obedeceros.

—Los caballos.

—Pensad en que es endemoniado ese camino, y con la oscuridad de la noche...

—¡Dios nos guiará!

—¡Sea!

La joven escribe estas líneas en un pliego de papel, mientras Pietro dispone la marcha.

«Me has jurado abandonar la carrera del crimen y quiero alcanzar tu perdón; sin embargo, para no descubrir el lugar de tu retiro antes de obtenerlo, me alejo de ti por algunos días. Entablaré mis negociaciones con el Gobierno desde Gensano, la Riccia, Albano o cualquiera otra población de las cercanías de Roma; y si fuese preciso iré a la misma Roma. Nada temas, pues suceda lo que sucediere no correrás el menor peligro por mi imprudencia.»

Cinco minutos después los aullidos de Rotolini, a quien dejaron encerrado los fugitivos, hicieron despertar a la vieja Lucía. Oyó el galope de los caballos y dijo:

—Ya vuelve el capitán; ese holgazán de Pietro le abrirá, pues para nada más puede servir.

Dio una media vuelta en su jergón y volvió a dormirse profundamente.

IX

Dejando a nuestra heroína continuar su viaje en compañía del complaciente Pietro, nos trasportaremos por algunos minutos a las selvas majestuosas, que hemos descubierto a vista de águila, desde uno de los extremos de la mezquina población de Porto d'Anzio.

El cielo después de descargar una escasa lluvia entre estrepitosas centellas y multiplicados relámpagos, se iba despejando gradualmente. Las negras nubes impulsadas por el viento, se alejaban con lentitud, tendiéndose, a manera del luctuoso dosel de un inmenso catafalco, sobre las espumosas olas del turbulento mar, y algunas estrellas comenzaban a aparecer diseminadas por aquella parte del firmamento que cubría con su manto azul oscuro el verde amarillento de las seculares encinas de Nettuno, sensible ya a la triste influencia del otoño.

El rayo acababa de abatir algunos de aquellos gigantes de la vegetación, y sus míseras ruinas servían de alimento a una grande hoguera, al rededor de la cual formaban círculo veinte o veinticinco hombres, que alteraban con sus discordantes voces el grave silencio de aquel lugar solitario.

Sus caballos atados a los troncos de los vecinos árboles acompañaban con agudos y prolongados relinchos la viva conversación que sostenían sus amos; pero sobre todos aquellos sonidos, más o menos ingratos, dominaba la solemne voz del Océano, digna únicamente de hacerse oír en el seno de aquella agreste soledad.

La luz rojiza de la hoguera, reverberando en el verde lustroso de los árboles, esparcía una claridad tornasolada sobre aquellas figuras humanas, que presentaban entonces un no sé qué de fantástico; y cuando, vigorizada la llama por los soplos del viento que se abría camino al través del ramaje, se elevaba súbitamente en oscilante columna, sus reflejos de un dorado sanguíneo rodeaban aquellas cabezas características con una aureola singular, a la vez brillante y fúnebre.

Una gran bota de exquisito vino de Gensano circulaba de mano en mano, pero las frecuentes libaciones no interrumpían el animado diálogo.

—Repito, camaradas —decía uno que parecía de más edad que los otros—, repito, que aquel hombre se ha vuelto distinto de lo que era. ¿Cuándo, hasta el presente, se le había visto mandarnos a una expedición arriesgada y quedarse muy seguro entre cuatro paredes?

—Y luego —observó moviendo la cabeza un mozo de fisonomía atrevida—, vendrá muy satisfecho a reclamar la mejor parte del botín. Ésa es una injusticia, teniente Roberto, y no debes consentirla.

—¡Silencio, Baleno![14] —dijo el teniente, que era el mismo que había hablado primero—. Él suele aparecerse cuando menos se le espera, y además tiene unas orejas que recogen los sonidos a dos leguas de distancia.

—¡Bah! —repuso con osadía Baleno—, ahora estará muy calentito bajo las sábanas, haciendo arrumacos a aquella muñequilla de alfeñique que ha encontrado no sé en dónde. Por mi parte no tengo aprensión del privilegio de sus oídos, y repito que no debemos darle ni la menor parte en el botín de esta noche. El provecho pertenece exclusivamente a los que arrostraron el peligro.

—Baleno habla como un Salomón —dijo otro—; aquel pícaro a quien le apagué el resuello para siempre de un solo golpe en la cabeza, me disparó un pistoletazo a quema ropa: aquí está éste que no me dejará mentir —añadió extendiendo su brazo izquierdo, herido y ensangrentado—. Todos hemos

14 Relámpago.

padecido, cual más cual menos, lo bastante para merecer el botín sin que nadie nos lo cercene.

—¡Sangue della Madonna! Si Braccio di ferro[15] ha recibido un rasguño, mirad mi frente partida como una calabaza.

—A mí me mataron mi caballo; ¡mi pobre caballo piè di cervo!,[16] aquellos malditos gigantes que hablaban una lengua que jamás había oído yo sino a las aves nocturnas.

—¡Voto a brios!, ¿qué tenéis que decirme de los contratiempos de esta empresa a mí que más que ninguno he trabajado por su éxito? Amigos, conozco que es muy justo que no cedamos a criatura humana ni la menor parte de nuestros derechos; pero ¿cómo impedir que él atienda a su conveniencia antes que a la justicia?

Tú, Roberto *il Fulmine*,[17] tú eres quien debes decirle que no consentimos en ser despojados de lo que nos corresponde.

—¡Bonito es el capitán para recibir la ley de vosotros!, ahorcaría del árbol más alto al primero que le dijese: «Negros ojos tienes». ¡Voto a Júpiter!, es un gusto oír como charláis cuando él está ausente, y apenas le veis hinchar las narices os volvéis mudos como el mismo silencio.

—Calla tú, Occhio linceo,[18] que siempre haces el papel de observador. Le respetábamos, es verdad, porque era valiente de los pocos; pero ya todo se ha cambiado. ¿Por qué no ha ido con nosotros a la expedición de esta noche? Hace muchas semanas que no le gusta otra ocupación que la de ver las muecas y los melindres de esa mozuela a quien llama su esposa.

15 Brazo de hierro.
16 Pies de ciervo.
17 *Il Fulmine*: el rayo.
18 Ojo de lince.

—Braccio di ferro tiene razón: el buen capitán está embrujado por esa chica, y hombres como nosotros no obedecen a quien ya no sabe mandar ni aun en sí mismo.

—¡Calla, Baleno!, he oído ruido.

—¡Quia!, es el viento que retoza con las hojas.

—¡Hablemos más bajo, camaradas!... Por más que digáis, el diablo me lleve si no es cierto que oigo galopar un caballo.

—Yo nada percibo, teniente.

—Ni yo.

—Ni yo.

—¡Vamos!, será aprensión. Os digo pues, compañeros, que yo mismo, que conozco a Espatolino hace diez y seis años; que he hecho mi carrera a sus órdenes y que le quiero como... ¡vamos!, ¡más que a nadie en el mundo!, ésta es la verdad; pues bien, yo mismo, enojado con él al ver su conducta insensata, y por el alma de mi abuela, que si hubiese previsto los males que nos habían de venir con esa mozuela de los ojos de paloma, la hubiera hecho, mal su grado, tomar un baño en las aguas del Averno la noche en que a sus orillas fue entregada a mi custodia.

—¡Bien dicho, teniente Fulmine!, nosotros no necesitamos hembras.

—Y si alguna viene ha de ser patrimonio común.

¡Mala peste me mate si consiento en que tenga para sí solo el capitán esa linda calandria de la voz tan dulce! ¡Pues qué!, ¿no somos todos hijos de Eva?

—Eres un mentecato, Irta chioma;[19] siempre estás delirando por las mujeres.

—¡Toma!, como que saben asaltarnos con más habilidad que nosotros a los pasajeros. Para ellas robar veinte corazones es lo mismo que nada. ¡Por vida de Baco! La capitana sobre todo tiene un no sé qué... ¡vamos!, me ablanda el

19 Pelo erizado.

corazón como una breva cuando me flecha por casualidad aquellos ojos que, no sé por qué, me hacen acordar siempre de los sueños que yo tenía cuando era niño y me dormía en los brazos de mi madre.

—¡Ja!, ¡ja!, ¡qué risa, camaradas! Este pobre Ista chioma da en lo sentimental como Occhio linceo en lo heroico. Vamos, hijos míos, ¿queréis improvisar un idilio y un poema?

—Yo no entiendo esas ciencias; digo solamente que la capitana es una linda criatura.

—¡Ca!, tengo yo una pastora en Capranica que vale por diez capitanas.

—Y yo pasaré este invierno en Monteleone con una moza calabresa que no tiene igual en todo el mundo conocido.

—Pues yo opino como Isla chiona, que no se debe permitir que haya entre nosotros ninguna hembra como propiedad de uno solo.

—Opina como mejor te parezca; lo que es yo renuncio mis derechos. ¿Para qué diablos sirve una mujercilla como una caña? Me atengo a la posadera del Águila en Fiumesino; aquélla sí que merece que un hombre se deje embrujar por ella y haga tantas locuras como Orlando.

—Pero en fin, camaradas, ¿qué diremos al capitán respecto al botín?

—Está dicho, teniente; que no queremos darle ni un paolo, porque «quien no trabaja no come», como dijo Moisés.

—¡Calla, animal!, no lo dijo Moisés, que fue San Pablo.

—San Pablo o Moisés, poco importa; así lo dijese Júpiter; el caso es que antes me dejaré sacar los ojos que un solo paolo de mi parte de botín.

—¡Bravo! ¡Viva Baleno! Sí, compañeros, que se quede el capitán holgando con su paloma, mientras nos repartimos el botín, como se estuvo mientras lo conquistamos.

—Todos estáis más borrachos que el mismo Baco. El capitán no se estuvo holgando ni con palomas ni con buitres. Olvidáis que salió al amanecer del último día para... no sé a punto fijo para dónde; pero claro está que se ocupaba en algún negocio importante. El capitán fue y volvió en un día; mas acaso cuando salimos a la expedición todavía no se hallaba en Porto d'Anzio. ¿Había de volverse dos, voto al diablo?

—¡Silencio, maledetto Occhio linceo! Alzas la voz como si tuviese la atmósfera paredes de mármol. Yo he dicho que el capitán no debe tomar nada del botín, y lo sostendré.

—¡Así se habla! ¡Viva Braccio di ferro! La bota, camarada. Bebo por tu salud, valeroso.

—Gracias, teniente.

—¡Yo brindo por Espatolino!

—¿Habéis oído, camaradas? Irta chioma brinda por el capitán.

—Hazle tú la razón, Occhio linceo.

—Con mil amores. ¡Bebo por el invencible Espatolino!

—¡Mentecato!

—¡Calla!, yo voy a proponer otro brindis.

—¡Camaradas!, bebo por el exterminio de todos los cobardes que deshonran nuestra ilustre banda.

—¡Y de los traidores!

—En nuestra cuadrilla no hay traidores.

—Tampoco hay cobardes.

Una voz que no se supo de qué boca había partido, dejó oír estas palabras:

—¡Lo es Espatolino!

Todos los bandidos se estremecieron, y por un movimiento maquinal tendieron al rededor miradas temerosas. Un ligero ruido se hizo oír en el silencio que siguió a la atrevida declaración de aquella voz incógnita, y una figura alta y majestuosa apareció entre las ramas.

—¡Es él! —dijeron veinte ecos que formaron uno.

—¡Viva el valiente Espatolino! —exclamó su defensor Occhio linceo.

—¡Viva! —repitió Irta chioma.

Los otros bandidos se miraron dudosos, pero al ver junto a sí el formidable jefe, todos se pusieron en pie diciendo con trémulo acento:

—¡Viva!

—¡Y bien compañeros! ¿Cómo se ha salido de la empresa?

—Perfectamente, capitán —respondió Roberto tartamudeando—. Algunas heridas se han recibido, porque los malditos extranjeros iban bien armados y se defendieron como leones.

—¿Y qué tal el botín?

—Es considerable; os esperábamos para... para repartirlo. Nadie le ha tocado todavía.

—Ya conozco vuestra disciplina, amigos míos; pero te autorizo a ti, Roberto, para que presidas el repartimiento, apenas aparezca el Sol que ya se viene a más andar detrás de las cortinas del oriente. Dividid como buenos hermanos los despojos de los extranjeros...

—A quienes el Padre Eterno tenga en su gracia, capitán.

—Así sea, Roberto. Decía, pues, que repartieseis con equidad esas riquezas, y que os dispongáis todos para una expedición importante y próxima.

—Y vos capitán... ¿qué queréis del botín?...

—Nada; todo lo que habéis conquistado os pertenece.

Entonces el víctor que resonó, y que los ecos de la selva devolvieron dilatadamente, fue tan espontáneo como sincero.

—¿No os decía yo —murmuraba en voz baja Occhio linceo frotándose las manos en señal de alegría— que el capitán era todo un hombre? ¡Ya veis lo que hace, mentecatos, codiciosos!

—Calla, parlanchín, yo nunca he dicho nada contra él: bien sabía que era la generosidad en persona.

—¡Viva Espatolino!, ¡viva el rey de las selvas! —repetían los bandidos tirando al aire sus sombreros.

—Gracias, compañeros, gracias —respondía Espatolino—; pero prestadme atención, porque se trata de una grande empresa. He estado en un lugar en donde he conferenciado con el teniente Stefano, que manda aquella fracción de nuestra banda que ha vagado algunos días por las inmediaciones de Civita Vecchia, y que ahora se dirige con tanta prisa como precaución hacia un sitio más conveniente. Escuchad, amigos míos: se trata de reunir toda nuestra fuerza en la Somma, pues sabemos por Lappo, jefe de la compañía posesionada de dicha montaña, que los poderosos condes de Spada deben salir de Termi para Spoleti, y que con ellos van algunos individuos de la casa de Benedetti. Como se juzgarán seguros en atención al gran número de criados que debe formar su escolta, es de suponer que no llevarán un equipaje despreciable; pero el botín en tales casos es lo de menos. Se trata de hacer prisioneros a señores de la más alta categoría, cuyo rescate será proporcionado a su importancia. He dispuesto para ellos un retiro seguro, desde el cual podrán comunicarse con sus deudos para tratar de su redención, sirviéndoles de emisarios los labradores de las cercanías, que ignorarán sin embargo el lugar de su residencia. Todo lo he previsto, y tengo tomadas las más sabias disposiciones para burlar las que acaso adoptará el Gobierno, estimulado por las familias de los cautivos, a las que no le quedará otro remedio que enviarnos, con voluntad o sin ella, algunos talegos de oro, o preparar los honores fúnebres a sus ilustres parientes.

Sí, amigos míos; todo está ya prevenido como mejor conviene al buen éxito de tan ventajosa empresa, y antes que termine el día, que ya comienza a enrojecer las nubes por el lado del Este, debemos dejar a Porto d'Anzio. ¿Quién sabe —añadió con una emoción que quiso vanamente disimular—, quién sabe si no es ésta la última expedición que emprenderemos juntos? ¿Quién me asegura que seré siempre vuestro jefe? Por si el destino tiene decretada nuestra separación, quiero que algunos hechos atrevidos graben en vuestro corazón mi memoria, y tan firme me hallo en este empeño, que después que demos dichosa cima a la presente empresa, pienso proponeros otra de las más atrevidas que jamás hayan figurado en la vida de los hombres célebres de nuestra profesión.

Estos ejemplos dejará Espatolino al que después tenga la satisfacción de mandaros

Los bandoleros, que no podían comprender lo que acababa de decir su jefe sobre la posibilidad de una separación entre él y ellos, sino con referencia al descontento que imprudentemente habían manifestado respecto a su conducta, se miraron unos a otros confusos y casi conmovidos.

—¿No te decía yo que todo lo oiría aunque estuviese a dos leguas de distancia? —dijo en voz baja Roberto.

—Teniente —respondió Baleno, a quien habían sido dirigidas aquellas palabras—, hemos hecho mal en hablar de ligero, y yo estoy tan arrepentido, que de buena gana me dejaría cortar la lengua antes que volver a injuriar a nuestro buen capitán. ¡Viva Espatolino!

—¡Viva! —respondieron con verdadero entusiasmo los bandidos.

Espatolino apretó la mano a todos uno por uno, dirigiéndoles palabras lisonjeras; mas recobrando seguidamente su gravedad:

—¡Camaradas! —añadió—, proceded sin demora al repartimiento del botín, y luego vuélvase cada cual a su respectivo albergue. Apenas las sombras comiencen a enlutar nuevamente la tierra, nos reuniremos todos en la aldea de Nettuno, en la hostería que conocéis.

Alejose apenas concluyó estas palabras, y los bandidos le victorearon mientras pudo escucharlos.

Luego comenzaron a reconvenirse recíprocamente, queriendo cada cual quedar exento del delito común.

—Tú fuiste el primero que hablaste mal de nuestro incomparable capitán; tú, Baleno, que tienes la lengua más ligera que una mujer.

—¡Voto al diablo!, tú dijiste que no se ocupaba más que en hacer muecas a su monuela.

—No fui yo, sino Braccio di ferro.

—Mientes, que fue el teniente.

—¿Quién dice tal? ¿Quién se atreve a calumniarme? —gritó el atlético calabrés, remangándose las mangas de la chaqueta y haciendo patente la vigorosa musculatura de sus brazos.

—Todos estábamos borrachos, como dijo con razón Occhio linceo. Ea, camaradas, no hay que hablar más de eso. El capitán Espatolino es todo un hombre, y le estimamos por lo que vale. La Santa Madonna nos le conserve, y vamos a repartir el botín.

—A ello, camaradas. Con justicia, como buenos hermanos, según nos mandó el jefe.

Procediose en efecto a la repartición, que se verificó sin desorden ni disputa, y el día brillaba ya con todo su esplendor cuando concluyeron aquella operación.

Disipados los vapores del vino con la frescura de la mañana, y los cuidados de la codicia con la generosa renuncia que el jefe había hecho de sus derechos a una parte del botín, paseábanse satisfechos los bandidos por las umbrosas alamedas de la selva. Cualquiera que los hubiese visto entonces difícilmente adivinaría su odiosa profesión; y al oírles hablar alegremente de sus amorosas aventuras, se les podría tomar por jóvenes y ricos labradores que iban o volvían de alguna fiesta campestre. Solamente su traje podría desmentir aquella inducción, inspirando sospechas de su verdadero destino.

Y sin embargo, como la mayor parte de ellos se hallaban en la flor de la juventud y eran de buena presencia, aquel traje semimilitar, con sus puntas de caprichoso, estaba muy ajeno de prestarles un aspecto feroz o repugnante. Llevaban todos pantalones de paño verde oscuro, chalecos encarnados con botones de plata, y chaquetas del mismo color que los pantalones, adornadas en las costuras con trencillas de seda. Ceñíales la cintura una canana de cuero bien abastecida de cartuchos, cerrada por delante con una plancha de plata; al lado izquierdo veíase brillar el mango de ébano de un gran cuchillo de monte, y les colgaba a la espalda una ligera mochila con las cosas más indispensables a la vida nómada que profesaban.

Sus sombreros altos y cónicos, tenían por adorno un galoncito de plata, y algunos llevaban además una medalla de la Virgen, del mismo metal. Notábase también que todos seguían la moda que existe aún entre nuestros andaluces, de ostentar en los bolsillos de sus chaquetas ricos pañuelos de seda de la India, con las puntas descubiertas, y asimismo asomaban por las faldriqueras del chaleco primorosas tabaqueras, de oro puro algunas, otras de concha artísticamente trabajadas, y muchas de plata cincelada. Completaba aquel arreo pintoresco una gruesa cadena de oro que les cruzaba el pecho, sosteniendo un silbato igualmente de oro; algunos llevaban también magníficos relojes, y ninguno armas de fuego, pues eran éstas parte integrante del arreo de los caballos, que pertenecían sin excepción a la mejor raza napolitana.

Tan solitarias eran las selvas de Nettuno, que podían permanecer en ellas sin ningún temor aun en mitad del día: así fue que, lejos de apresurarse a ganar sus guaridas, quedáronse muy tranquilamente a la sombra de la verde bóveda, disponiendo un almuerzo refrigerante con sus respectivas provisiones. Cada cual sacó de la mochila la parte comestible que encerraba; abriose la bota de vino que quedaba en un caballo que al parecer no había servido sino para llevar aquella carga, y en medio de la más expansiva alegría celebraron su banquete rústico, brindando repetidas veces por el capitán y por el éxito feliz de la expedición propuesta.

Acalorados todos por el vino, pero ninguno en estado de embriaguez, se despidieron muy avanzado el día, para encaminarse a sus respectivas habitaciones, que todas estaban por aquellas cercanías; mas en el momento de salir de la selva, dejose oír desde considerable distancia el agudo sonido de un silbato.

—¡Silencio! —dijo Roberto—, alguno de los nuestros viene hacia este sitio y desea saber si hay amigos en él.

El mismo sonido se repitió, y entonces Roberto respondió con otro igual: quedándose inmóviles los bandidos, percibieron primero confusa y después distintamente el ruido de un caballo, que según podía inferirse se acercaba a carrera tendida.

—Alguna novedad ocurre —dijo Braccio di ferro.

—Guardad todos silencio, camaradas: ¿no escucháis qué bien bate el suelo ese caballo? No puede ser otro que Vento rapido.

—¿El alazán de Espatolino?

—El mismo, yo apostaría cien escudos contra uno.

Roberto no se engañaba. Espatolino se halló muy pronto al frente de sus camaradas. Iba vestido como ellos, con la sola diferencia de que en vez del sombrero llevaba una gorra de piel de búfalo con ancho galón de plata, y que ocupaba el lugar del cuchillo de monte un magnífico puñal con empuñadura de oro. Su rostro estaba ligeramente encendido por la violencia de la carrera, pero notábasele en las facciones una excesiva alteración, y su voz cuando se dejó oír pareció a los bandidos ronca y trémula:

—Es preciso partir al instante.

—¡Cómo!, ¡adónde! —preguntó Roberto sorprendido.

—A Roma.

—¡A Roma! ¡Corpo della Santissima Madonna! ¡A Roma decís!

—¡A Roma!

—¿En mitad del día?

—¡Por San Paolo!, ¿qué me importa el día?

—¿Pero lo decís de veras capitán?

—Sí, voto al diablo; iré a Roma, iré al mismo infierno si es preciso.

—¡Dios nos libre, capitán!, pero en fin, entiendo que queréis decir que nos conviene cambiar de lugar sin alejarnos de Roma.

—En Gensano... en Riccia... acaso en Frascati o en Tívoli... —respondió trastornado el jefe— ¡qué sé yo dónde la encontraré!, pero la buscaría aun cuando fuese preciso penetrar hasta la misma Roma por entre los ejércitos del imperio.

—No os entiendo, capitán. ¿Será que esas malditas familias de los Spadas y los Benedetti, en vez de ir a Spoleti, se hayan dirigido hacia la capital?...

—¡Que carguen mil demonios con los Spadas y los Benedetti! —gritó con tremenda voz Espatolino—. ¡Es ella!, ella que acaso será víctima de su imprudencia y de aquellos feroces magistrados, ante los cuales la harán comparecer como reo; ¡a ella, más pura que la luz! Todos moriremos, pero moriremos matando; ¡opóngansenos las huestes dominadoras de la tierra!, ¡venga el mismo Napoleón en persona! Yo sabré arrancarle mi querida, aun cuando la escondiese dentro de su corazón.

Un sordo murmullo, semejante al de las olas cuando empiezan a sentir los soplos de la tempestad, se levantó de entre los bandoleros; pero equivocándose Espatolino sobre el origen de aquella agitación, creyó que sus súbditos participaban de sus sentimientos.

—Marchemos, amigos míos —les dijo—. Ella salió hace algunas horas, pero tengo esperanzas de que podremos alcanzarla: es imposible que pueda sostener una marcha continua y precipitada; antes que nuestros caballos se rindan a la violencia del galope, no faltarán otros con que reemplazarlos en el camino.

El murmullo se iba acrecentando rápidamente; pero Espatolino se hallaba demasiado preocupado para poder comprenderle.

—Este traje no nos conviene para poder viajar con la luz del día —les dijo—; dejad las escopetas: no nos faltarán en ninguna parte; vestíos todos de labradores, llevando ocultamente cada uno un par de pistolas y un buen cuchillo de monte. ¡Enseguida a caballo todos! Tú, Braccio di ferro, dirígete a Tívoli con seis de los nuestros; búscala en todas las hosterías, y si la encuentras, condúcela al momento a Porto d'Anzio. Otros diez o doce que salgan, sin ir juntos, para Gensano: allí me encontrarán en la casa que conocéis; y desde allí, si no la encontramos, marcharemos a Frascati, a

Albano... a todos los pueblos de las inmediaciones de Roma, y a Roma misma si nuestras pesquisas son infructuosas. ¡Ea, camaradas!, andar ligeros; ¡desdichado de aquél que sea tardo en obedecerme!

Dijo, y veloz como un relámpago, desapareció entre los remolinos de polvo que levantaba su brioso corcel, cuyos resoplidos se oían distintamente a pesar del ruido de su carrera.

Entonces comenzó entre los bandidos un bullicioso debate.

—¡Esto es demasiado, camaradas! —dijo el incorregible Baleno—; el capitán está loco de remate, y más locos que él seremos nosotros si nos prestamos a tan inauditas extravagancias.

—¡He aquí en lo que han venido a parar las grandes empresas con que nos lisonjeaba hace poco! —exclamó Roberto—. ¡En enviarnos a correr tras una mujer, que se le ha escapado, según parece, para darle una prueba de lo mucho que te ama!

—¡Qué malvadas y qué pérfidas son todas las hijas de Eva! —añadió con plañidero acento Irta chioma—. ¿Quién había de creer tanta ingratitud en aquella criatura que parecía un cordero? ¡Huir de un hombre que la idolatra!

—¡Maldita sea tal idolatría! —dijo otro—, por ella hemos de exponernos a un riesgo inminente y sin utilidad de ningún género.

—No seré yo por cierto; que se me sequen las piernas si doy un paso en busca de esa bruja maldita.

—¡Bien dicho, camarada! Váyase al infierno la fugitiva y buen viaje. ¡Atreverse aquel bribón a decirnos que moriríamos todos, si era preciso, por salvarla o vengarla! ¡Que muera él con su locura endemoniada, y que dé gracias de que no le volviese a entrar en el cuerpo, con una bala, la indigna proposición que ha tenido la insolencia de dirigirnos; pues no faltaba más sino que hombres como nosotros nos convirtiésemos en perros para seguir la pista a una liebre! ¡Voto a brios!, ¡que no sé cómo he podido escucharle!

—Te desbocas mucho, Bracio di ferro; pon más cuidado en lo que dices.

—Ve a dar consejos a quien te los pida, Occhio linceo; yo digo y hago cuanto me viene al magín, y por vida de Júpiter que estoy cansado de obedecer, y de hoy mas ni por el mismo San Paolo doblaré la rodilla.

—¡Compañeros!, para pasar la vida acatando caprichos de un cualquiera, más valía acatar los del rey.

—Por supuesto, ¿para qué seguir esta vida por más tiempo? Ricos estamos todos, camaradas, y menos malo me parece hacernos hombres de bien que continuar siendo bandidos con tan poco provecho y tantas humillaciones.

—Nadie está más cansado que yo de mi oficio; pero ahora no es tiempo de hablar de eso, sino de obedecer al que todavía es nuestro jefe.

—Obedécelo tú en buen hora, corazón de gallina; yo me emancipo, y hoy mismo marcho a reunirme con Lappo en la montaña.

—Pues bien yo iré contigo a donde nos espera el capitán, Occhio linceo.

—Y yo también; antes de desobedecerle debemos despojarle del mando; mientras esto no se haga, es nuestro jefe y no tenemos facultad de negarnos al cumplimiento de sus órdenes.

—¡Sí tenemos, voto al diablo!, y solo tú, Irta chioma, tú que siempre has sido un mentecato, pudieras respetar la autoridad de un loco.

—¡Repite lo que has dicho, corpo di Dio!, te probaré si soy o no mentecato.

—¡Ea, camaradas!, ¡orden!, no se trata de echar baladronadas, sino de tomar una resolución.

—Il Fulmine ha dicho la verdad. Pido que se recojan votos.

—El mío es que marchemos todos a reunirnos con Lappo, y que abandonemos a su suerte al insensato Espatolino.

—Soy de la misma opinión.

—¿Y tú, Baleno?

—¿A qué viene preguntarlo? Haré lo que hagan los valientes, y por el ánima de mi madre que lo que más deseo es dejaros a todos, y pasar mi vida tranquilamente con mi Calabresa; a bien que no nos faltaría qué comer.

—¡Toma!, si bastase con desearlo, yo te juro, a fe de Roberto, que hoy mismo tomaba las de Villadiego y me iba muy contento a gastar mis escudos con mi pobre mujer, a quien no veo hace diez años, y con mis chiquituelos, que serán ya tan altos como yo.

—¿Y quién te lo impide?

—¿Quién?... ¡Por vida de...!, ¿creéis que la justicia me dejaría tranquilo?

—Compra tu indulto.

—Costaría mucho.

—¡Quia!, un medio conozco yo por el cual todos seríamos indultados, sin gastar un paolo.

—¿Cuál es? Dilo.

—En vez de dar dinero, le recibiríamos.

—¡Cómo!, explícate, Giacomo; tú hablas poco pero bien. Siempre que abres la boca es para decir cosas extraordinarias.

—Gracias por la lisonja, teniente; pero lo que digo ahora es muy sencillo. Para alcanzar el perdón y recibir además una gratificación, ¡hay más que servir al Gobierno!

—¿Servir al Gobierno?... ¿Nosotros?... No te entiendo a fe mía.

—Eres un poco torpe, Baleno. El Gobierno desea mucho ver bailar en el aire a cierta persona.

—A todos nosotros, ¡vive Dios!, si no sabes más que eso, adelantado estás, Giacomo.

—A todos, bien lo creo; pero solamente uno tiene apreciada su cabeza, y pardiez que no puede quejarse de que la estimen poco: aun repartiendo entre nosotros el dinero ofrecido, todavía era buen bocado el de cada uno.

—Yo no sé que se haya puesto precio a otra cabeza que a la de Espatolino.

—Cabalmente; y el Gobierno ofrece además completísimo indulto a aquéllos de su cuadrilla que le entreguen.

—Ésa sería una infamia, Giacomo.

—Una infamia muy útil a todos los que desean gozar sin zozobra las riquezas adquiridas, teniente Roberto.

—Es verdad.

—Y nada más fácil por otra parte.

—Calla, Giacomo, que me da vergüenza oírte.

—Eres muy delicado, Irta chioma.

—En fin, camaradas; continuad manifestando vuestra opinión. Dos han votado ya a favor de la propuesta de Braccio di ferro, que opina debemos ir a reunirnos con Lappo.

—Yo soy del mismo dictamen.

—Ya son cuatro por ese partido.

—Y cinco conmigo.

—Yo digo que solo nos toca obedecer al que es nuestro jefe todavía.

—Occhio linceo está por la obediencia: es un voto. Dos con el mío.

—Tres, porque pienso lo mismo.

—Son tres con Irta chioma.

—Cuatro con el mío.

—Pues yo digo que solo nos conviene dejar esta vida indultándonos.

—¿De qué modo?

—Del modo que ha indicado Giacomo.

—¡Traidor! ¿Quieres entregar a tu jefe?

—Calla, Occhio linceo; no reconozco por jefe a un loco.

—Opino lo mismo.

—¡Sois unos infames!

—¡Eres un cobarde!

—Señores, al orden, o voto a Júpiter que empiezo a romper cabezas.

—Di tu opinión, teniente, y déjate de amenazas.

—Digo que al veros tan revoltosos e insolentes, conozco que solo Espatolino puede mandaros.

—Lo que es a mí no tendrá ese gusto. Adiós, amigos, discutid cuanto queráis; yo salgo ahora para la Somma.

—Buen viaje, Braccio di ferro.

—Aguarda, yo te acompaño.

—Y yo también.

—Y yo.

—Ea, ya somos cuatro.

—Cinco conmigo.

—Pues bien, a caballo.

—A caballo; abur los que se quedan.

—Aguardad; lo mando yo.

—Por hoy, teniente, no estamos de humor de obedecer.

—¡Pícaros, traidores!...

—No grites, Roberto il Fulmine, que no te oyen ya.

—¡Quedamos quince solamente!

—¡Y bien!, ¿qué hacemos?

—He dicho ya: ir en busca...

—¡De la capitana, bien dicho, Giacomo!

—De la capitana no, del capitán.

—Pero...

—Yo quiero el indulto.

—Yo también, a cualquier precio.

—Y yo, voto al diablo, y caiga quien caiga.

—Pensad como queráis; pero vivo yo no tendréis el placer de vender la vida de vuestro capitán. Corro a buscarle, y le diré vuestra caritativa y leal intención.

—Voy contigo, Occhio linceo.

—Esperad, yo también iré.

—¡Bravo, teniente!, ¡eres un héroe!

—¡Todos lo somos! Yo voy también.

—¡Viva il Baleno!, ¿qué decís los demás?

—Yo... lo que diga Giacomo.

—¡Giacomo!, acaba de resolver.

—Proponer una cosa no es imponerla por ley; si todos os decidís por la obediencia, os seguiré.

—¡Así!, eso se llama volver por su honor. Dejemos a aquellos locos correr en busca de Lappo. ¡Buena les espera! Lappo es el amigo más fiel de Espatolino, y cuando sepa la mala partida que le han jugado, los pondrá por racimos del árbol más alto que por allí se encuentre. Treinta y siete hombres están en la Somma, y todos a cual más leales.

—¿Conque obedecemos?

—Sí, está dicho; pero soy de parecer que nos expliquemos con el capitán y le hagamos conocer nuestro descontento.

—Eso es muy justo, Baleno.

—¿Quién le hablará?

—El teniente.

—No, sino Baleno, que tiene la lengua más suelta.

—¡Convenido! Ea, pues, a efectuar las órdenes recibidas. De hoy en adelante, o no obedeceremos, o no se nos mandarán cosas indignas.

—Bien dicho; hoy tiene Baleno un talento admirable.

—¡A caballo, señores, a caballo!

—Todos a Gensano, pues Braccio di ferro, que debía ir a Tívoli, ha tomado otro rumbo.

—A Gensano, está entendido, casa del Silenzioso, vestidos de labradores.

—Sin escopetas.

—Con un par de pistolas.

—Y el cuchillo.

—Abur, pues, hasta Gensano.

—Hasta Gensano, camaradas.

X

Gensano es un lugarón a seis leguas de Roma, célebre por sus vinos, que gozan de grande estimación en los dominios del Papa, y por haber sido el valle que le separa de la Riccia, según la opinión de un acreditado escritor, teatro de las misteriosas conferencias de Numa Pompilio con la ninfa Egeria.

En la época de nuestra historia era la mejor fonda de aquel pueblo un gran casarón ruinoso, conocido por el nombre de il Paradiso, sin duda para significar el buen trato que hallaban en ella los parroquianos. En un aposento interior de dicha casa se habían alojado Anunziata y su compañero, y desde ella dirigió la primera una expresiva carta a su tío, rogándole le facilitase los medios de hablarle secretamente para tratar de un negocio importante.

El pastor encargado de aquella misiva anduvo tan listo, y el esbirro fue tan diligente en contestar, que al día inmediato tuvo la joven de sus manos estas líneas que la colmaron de gozo:

«Por culpable que sea la que se ha atrevido a escribirme, no puedo olvidar que es hija de mi hermana, y que fue en otro tiempo mis delicias. Pocas horas después que estas letras, llegaré a Gensano y escucharé lo que quieras decirme.»

Anunziata pasó en oración las horas que precedieron a su entrevista con Angelo, y era ya de noche cuando éste se presentó en il Paradiso. Púsose de rodillas la esposa del bandido, y pidió el perdón y la bendición de su tío, con una humildad tan patética, que hubiera ablandado el corazón de una fiera. Angelo se conmovió en efecto, y levantándola cariñosamente se estuvo algunos momentos contemplando sus facciones con dolorosa complacencia.

—¡Qué cambiada estás, pobrecilla! —la dijo—. Dios te ha castigado severamente.

—He padecido mucho —respondió ella—; pero tengo la esperanza de ser dichosa, puesto que sois tan bueno conmigo.

—¿Te ha abandonado acaso el monstruo que te sedujo? —preguntó Rotoli con acento sombrío.

—Me adora más cada día —contestó con calor la joven—; porque soy su esposa y seré en breve la madre de su hijo.

Angelo paseó su mirada por el talle de Anunziata con un gesto expresivo de desagrado; luego se dejó caer en una silla exclamando:

—¡Esto es una desgracia!, ¡una gran desgracia!

—No, sino una felicidad preciosa —respondió ella—; sabed, padre mío, que mi esposo, arrepentido de sus crímenes, solo desea vivir para mí y para nuestro inocente hijo; sabed que mi venida tiene por objeto proponeros en su nombre, después de alcanzar de vuestro corazón generoso el perdón de nuestra culpa, que os encarguéis de comprar su indulto al Gobierno, ofreciendo todo el oro que apetezca.

—¡Tan rico, está Espatolino! —exclamó el esbirro, cuyos ojos brillaron de codicia.

—Posee un tesoro —contestó cándidamente la joven—, y además de lo que dará por su indulto al Gobierno, reserva para vos diez mil escudos y algunas buenas alhajas; lo más precioso que le pertenezca será para vos, estoy cierta; pues por poco que nos quede, siempre nos parecerá bastante si alcanzamos la dicha de vivir tranquilos en cualquier rincón de Italia.

Rotoli guardó silencio algunos minutos, pareciendo que reflexionaba profundamente. Anunziata se afanó en balde por leer en su impenetrable fisonomía lo que pasaba en su alma. Por último dijo el agente:

—No me parece imposible alcanzar lo que desea Espatolino; pero quisiera avistarme con él. ¿Ha venido contigo a Gensano?

—Estoy sola.

—¡Sola!

Arrojó en derredor una mirada recelosa, y clavándola seguidamente en el semblante de su sobrina añadió moviendo la cabeza:

—No lo creo; ¿cómo había de dejarte venir sola un marido que tanto te ama?

—Le he abandonado sin consentimiento suyo: sabiendo cuáles eran sus deseos e intenciones, respecto al asunto de que se trata, me escapé furtivamente y he venido a este paraje, con la esperanza de veros en él y de interesaros en nuestro favor.

—¿Dónde quedó tu marido? —dijo Rotoli sin apartar su escrutadora mirada del rostro de Anunziata.

—Bien conoceréis —contestó ella— que no me corresponde a mí revelar a nadie el secreto de su retiro, sin tener la más completa seguridad de su indulto.

—¿Me crees capaz de abusar de tu confianza? —dijo Angelo con acento de indignación—. ¿Por qué te has dirigido a mí, desdichada, si tan triste concepto te merezco?

—Perdonadme, padre mío —repuso ella juntando las manos en ademán de súplica—, no abrigo respecto a vos desconfianza alguna, y así como os hago dueño de mi vida os fiaría sin temor el destino eterno de mi alma; pero existen deberes que jamás sacrifica una persona delicada, y ninguno tan sagrado como el que tiene una esposa de respetar las órdenes de su marido. El lugar en que se encuentra Espatolino es un secreto suyo, que no estoy autorizada a descubrir.

—Hubo un tiempo —dijo Rotoli prestando a su voz gratas inflexiones, y a sus ojos la expresión más afectuosa—

en que ningunas órdenes eran tan sagradas para Anunziata como las que dictaba su tío... su padre, ¡pues tal he sido siempre para mi perla! ¡Ahora todo ha cambiado, todo! He sobrevivido al afecto de cuantos seres amaba, y me encuentro en el mundo como en un desierto. ¡Triste es la existencia —añadió con amargura— cuando solo anima un corazón desolado, que no encuentra ya en otro ni franqueza ni cariño!

—¡Yo os amo, más que nunca! —exclamó la joven enternecida—; no pronunciéis palabras que me parten el alma. Si he sido culpable para con vos, jamás podré ser ingrata a tantas bondades como habéis tenido conmigo; ¡pobre huérfana desvalida, que no tuvo en su niñez otro arrimo ni otro amparo que vos!

—¡Siempre eres la misma, sí!, siempre posees ese acento que me halaga tanto, que manda en mi corazón. ¡Muy culpable has sido, hija mía, mucho!, pero para no perdonarte era menester no haberte oído. Quiero olvidarlo todo; quiero por amor a ti ser generoso con el cruel que te arrancó traidoramente de mis brazos... ¡El esfuerzo es grande... pero no importa! Dime dónde está tu marido y correré a buscarle, para deliberar el plan que debemos proponernos tocante al importante asunto que nos ocupa.

La joven bajó los ojos algo turbada y guardó silencio.

—¿No me respondes, perla mía?

—Quisiera —dijo ella con timidez y emoción— que tuvieseis la bondad de tratar del mencionado asunto únicamente conmigo, pues ya os he dicho que no estoy autorizada para descubriros el retiro de mi esposo.

—¡Insensata! —gritó el agente arrebatado por la ira, y erizándose todo como el gato que va a lanzarse a su presa—. Dime al punto dónde se encuentra el bandido.

Anunziata tembló, pero tuvo la necesaria resolución para responder:

—No debo, ni quiero decíroslo.

—¡Bien! —dijo fuera de sí su interlocutor—; veremos si eres más complaciente con la justicia, ante la cual vas a comparecer.

—Menos aún que con vos.

—Ya me lo dirás cuando veas el patíbulo.

—Ni cien patíbulos me arrancarán una palabra que no debo decir —repuso ella con imponente calma—. Conozco ahora la imprudencia que he cometido en ponerme en vuestras manos, y sufriré sus efectos con resignación y sin cobardía. Llevadme cuando gustéis al suplicio con que me habéis amenazado; es vuestra obligación, y yo he andado desacordada al buscar en vos al padre, olvidando al esbirro,

Rotoli la miró pasmado de tan inesperada firmeza, y luego comenzó a pasearse por el aposento con muestras de grande agitación. Algo pasaba en efecto en el secreto de su alma; alguna lucha se verificaba en aquel momento entre las sordas pasiones de aquel hombre. Su rostro se fue despejando, sin embargo, progresivamente, hasta recobrar su habitual expresión de zalamería, y hubiera sido imposible al más hábil fisonomista decidir si su cólera estaba desvanecida o solamente concentrada.

—Anunziata —dijo—, tus injustas desconfianzas me sacan de quicio. El hombre cuya seguridad temes comprometer es tu marido, y tal título bastaría a ponerle a salvo de mi resentimiento, aun cuando no existiesen en mi memoria recuerdos muy poderosos. Aquel desventurado ha sido mi amigo y tengo contraídas con él obligaciones de gratitud. Verdad es que su conducta posterior las ha destruido; que me ha arrancado contigo mi felicidad, y con Pietro, mi venganza...

Interrumpiose como si no acertara a vencer completamente el rencor que había reanimado aquellos últimos recuerdos; pero después de una breve pausa añadió con aire de triunfo:

—¡Ea!, ¡es tu esposo y ha sido mi amigo!, que Dios y la Santa Madonna tengan tanta piedad de mí como yo de él.

Tomó su sombrero con precipitación, y Anunziata exclamó:

—¡Os marcháis!

—¡Para servirte en lo que deseas, pobre oveja descarriada! —respondió el agente con un tono de verdad que hubiera convencido a la misma desconfianza—. Sospechas de mí, y rehúsas indicarme el paraje en que pudiera hablar a Espatolino. Bien, guarda tu secreto; yo te perdono el concepto que en esa reserva me manifiestas, y me vuelvo esta misma noche a Roma para trabajar con tanta diligencia como eficacia por el logro de tus deseos. Ruega a Dios que ablande el corazón de los que pueden con una palabra dar la vida o la muerte, y espera aquí mis avisos.

—¡Bendito seáis, padre mío! —exclamó la joven cayendo de rodillas.

Rotoli debió experimentar en aquel instante una de aquellas sensaciones vivas y generosas que son demasiado raras en la vida de los hombres de su profesión, pues brilló en sus ojos una fugaz ternura, y permaneció algunos segundos trémulo y agitado, como quien procura y no acierta a vencer un sentimiento que le domina y le halaga. Por segunda vez en aquella breve conferencia sintió el esbirro la lucha que sostenían en su interior dos impulsos contrarios; pero alguno quedó vencedor indubitablemente, pues su fisonomía, ligeramente alterada, volvió a recobrar aquella mezcla singular de paciencia, astucia, penetración y disimulo que le caracterizaban y le prestaban cierta semejanza con la traidora alimaña a quien ya una vez le hemos comparado.

Levantó del suelo a su sobrina abrazándola cariñosamente, y la dijo con melosa voz:

—Descansa en mi actividad, pobrecilla, y no dudes del interés que tengo en apartar de la senda de perdición al hombre que es ya, por desgracia, tu legítimo dueño. ¿Estás bien segura de que puede dar mucho oro por su perdón?

—Sí lo estoy, padre mío —respondió la joven—, y os garantizo además que recibiréis en señal de su gratitud por vuestros buenos oficios, no ya los diez mil ducados que os prometí, sino el doble. ¡Oh!, ¡todo, todo lo que nos quede será para vos!

—¡Bien, bien!, no es eso lo que me mueve a serviros, aunque a la verdad no soy rico, como algunos imaginan, y pronto tocaré aquel período de la vida en que el hombre no alcanza otros goces que las comodidades positivas. ¿Qué otra cosa que la riqueza puede desear un viejo que no espera ya felicidad en el mundo, donde se encuentra solitario?

Anunziata quiso contestarle, sin duda para asegurarle nuevamente de su cariño, pero Rotoli salió presuroso del aposento, llevándose el pañuelo a los ojos.

«¡No!, ¡el mundo no está lleno de malvados, como dice Espatolino! ¡Los hombres no son como se los finge su aborrecimiento!», se dijo a sí misma la joven. «Contagiada ya por sus erróneas y amargas ideas, he sido capaz de desconfiar de mi pobre tío, que con todos sus defectos tiene un alma excelente.»

Bendijo nuevamente a Rotoli a consecuencia de tales reflexiones, y se preparaba a rezar encendiendo dos bujías a una imagen de la Virgen que decoraba la chimenea, cuando fue distraída de su devota ocupación por un rumor de pasos precipitados, que evidentemente se iban aproximando. Palpitole el corazón como si adivinase por instinto quién era la persona cuyas pisadas oía, y lanzándose fuera de su estancia se halló en los brazos de Espatolino.

Al recobrar a su amada, al verla sana y salva después de padecer por ella las más crueles aprensiones, aquel bandido feroz lloraba como un niño, y se abandonaba a los más pueriles extremos de placer y de ternura. Su mano homicida acariciaba trémula la sedosa cabellera de Anunziata, y sus labios, acostumbrados a pronunciar blasfemias, exhalaban en acentos embargados por la emoción las más dulces palabras que puede inspirar un amor ardiente y una inefable ventura.

Calmados los primeros arrebatos, refiriole su esposa la entrevista que acababa de tener con Rotoli, y las esperanzas que concebía; pero Espatolino, meneando la cabeza, respondió:

—Algún proyecto infernal ha concebido el esbirro, y convendrá a su éxito una aparente generosidad, le conozco; es implacable como yo; la diferencia grande que nos distingue es que yo acometo como el león y él acecha como el tigre.

—¡Siempre desconfianza! —exclamó con tristeza Anunziata—. ¡Siempre esa insana y cruel prevención contra los hombres!

—¡Y bien!, no pensaré sino lo que tú pienses; no creeré sino lo que tú creas; pero sal de esta casa al punto, vida mía. Poseo una poco distante, que será para nosotros un asilo más seguro. Si Rotoli obra de buena fe y envía aquí los avisos que te ha ofrecido, tengo medios muy fáciles de hacerlos llegar a nuestro retiro sin descubrirle... ¡Marchemos al momento, esposa querida, porque mi corazón presiente desgracias en este sitio! Escucha: esta tarde, mientras indagaba tu paradero con mortales inquietudes, un ave siniestra me fue constantemente siguiendo, y tres veces al preguntar por ti me respondió su fúnebre graznido. Es una aprensión ridícula; pero no puedo desecharla: me acuerdo que un pájaro semejante pasó sobre mi cabeza la tarde que volviendo del presidio vi morir a mi hermana.

—Estoy pronta a seguirte a donde quieras —respondió la joven—, con tal que me asegures que podré recibir sin retardo los avisos de mi tío.

—Hay en esta misma hostería una persona que me es adicta, y te juro que diez minutos después de que se hayan recibido aquí las cartas de Rotoli las tendrás en tu mano.

—Marchemos, pues.

Espatolino pagó generosamente los gastos hechos por su mujer, y acompañados de Pietro salieron del Paradiso.

El albergue seguro ofrecido por el bandolero a su joven compañera, y adonde efectivamente la condujo, era una casa de modesta apariencia, pero muy espaciosa y en una agradable situación, próxima al antiguo castillo de los duques Cesarini.

Desde sus ventanas podíase recrear la vista con las deliciosas colinas cubiertas de verdes viñedos y con las románticas orillas del lago Nemi, frecuentadas por los jóvenes de Gensano, teatro en muchas ocasiones de citas amorosas y de campestres festines.

Un año, poco más o menos, hacía que habitaba aquella casa un labrador anciano que la fabricó, y a quien por su carácter adusto y taciturno llamaban il Silenzioso. Vivían con él su mujer y su hijo; ella era sorda y ciega, y él parecía haber heredado la índole de su padre, pues apenas conocían su voz los vecinos de Gensano.

Aquella familia misteriosa no trataba con nadie pero no ignoraban en el pueblo que solía recibir las visitas de algunos forasteros, a quienes unos suponían parientes del dueño de la casa y otros aseguraban ser ilustres señores romanos, que se servían del Silenzioso para sus aventuras galantes;

nadie empero sospechara hasta entonces la verdadera condición de los huéspedes que de vez en cuando favorecían aquel pintoresco retiro, y Espatolino podía creer con fundamento que gozaría en él la posible seguridad.

También debían alojarse allí los camaradas que habían ido a reunírsele en Gensano; la distribución de las piezas habitables de aquella casa estaba tan bien entendida, o mejor diremos, tan propia para el destino que solía tener, que los bandidos podían estar bajo el mismo techo que su jefe, sin tener con éste una comunicación demasiado inmediata y que le hubiera sido incómoda, entonces que tenía consigo a su mujer.

En la noche en que Espatolino trasladó a Anunziata a aquel solitario albergue no se hallaban en él sus compañeros, pues por orden suya visitaban las cercanías buscando la perdida prenda, que más dichoso que todos había ya descubierto y recobrado; circunstancia que no supieron los bandoleros hasta dos días después que regresaron de sus inútiles correrías.

La impresión que había hecho en ellos aquella nueva afrenta (pues tal reputaban la comisión de correr en pos de una mujer desperdiciando un tiempo precioso) se nos hará patente muy pronto; mas antes de tratar de personajes tan secundarios en nuestra historia, razón será que instruyamos al lector del resultado que tuvieron las generosas promesas de Rotoli.

XI

Declinaba una de las más apacibles tardes del melancólico otoño. Los últimos rayos del crepúsculo, que esparcían una tinta purpúrea en las ondulantes nubes del ocaso, tornasolaban con los matices del ópalo las tranquilas aguas del lago de Nemi, y las frescas auras de la noche balanceaban murmurando las flotantes vides que decoraban sus pintorescas orillas. Espatolino y su esposa, sentados en el hueco de una de las ventanas que daban sobre el lago, respiraban en silencio aquel ambiente saludable que en los últimos días de octubre consuela a los habitantes de las cercanías de Roma de la mortífera influencia del aria cattiva, que durante los meses de verano ocasiona tantos males en el país.[20]

Callaban, como hemos dicho, el bandolero y su mujer; ambos parecían profundamente preocupados. El semblante de Anunziata tenía una expresión indefinible de ansiedad, impaciencia y fatiga, y al observar la alteración de sus facciones, su palidez enfermiza interrumpida a intervalos por una llamarada de fuego febril que encendía momentáneamente su cutis, y sus ojos hundidos por una dolorosa vivacidad, fácil era conocer que su cuerpo y su espíritu padecían igualmente, y que uno y otro no estaban muy distantes de aquel momento supremo en que la calma del desaliento sucede a las devoradoras transiciones de una larga expectativa. Espatolino tenía fijas en ella sus miradas inquietas, y como un espejo de aumento reflejaba aquel rostro varonil, con acrecentamiento de energía, las penosas sensaciones que se pintaban en la expresiva fisonomía de la joven.

---

20 El aire insalubre, llamado aria cattiva, comienza en Roma cuando el Sol entra en el signo del león, a fines del mes de julio, y concluye con las primeras lluvias del otoño.

Rompió ella por último el largo silencio, y señalando con su mano trémula el astro diurno que iba a desaparecer, dijo con acento profundamente triste:

—¡Otro ha pasado ya!

—¡Sí —respondió Espatolino—, otro día de agonía para ti, esposa adorada! Tres has tenido de esta horrible inquietud, y te he visto padecer sin alcanzar un medio de consolarte.

—¡Dios mío! —exclamó ella cruzando sobre su pecho los brazos enflaquecidos—. ¡Cuán cruel es Rotoli al guardar un silencio cien veces peor que la declaración más amarga! ¡Qué sentimiento tan insufrible es la incertidumbre! ¡Qué espantosa la expectativa! ¡Estarse así, parado, inmóvil, en aparente sosiego, mientras se nos viene acercando la sentencia de vida o de muerte, y no poder apresurarla, ni adivinarla, ni huirla! ¡Esto es peor que el infierno, Espatolino! ¡El infierno no tiene un suplicio tan terrible como la duda!

—¿Por qué no has de ver en esa misma dilación de Rotoli un motivo de esperanza? —dijo el bandido—. Si mi proposición hubiese sido absolutamente desechada, ¿qué le alentaría a aguardar aún?

—Y si alguna esperanza tuviese —respondió la joven—, ¿por qué nos retardaría su participación? El pobre Rotoli tiene un buen corazón, por más que dudes de él, y erróneamente imaginando que nos haría más desgraciados la certeza que el temor de una repulsa invencible por parte del Gobierno, guarda este silencio que me asesina.

—Tus cavilaciones son tristes; ¿qué se han hecho aquellos faustos presentimientos de que me hablabas la noche primera de nuestra reunión? ¿Por qué concibes ahora tan negras inquietudes habiendo alimentado entonces una confianza tan completa? Yo era dichoso escuchándote hacer la elocuente pintura de nuestra suerte venidera, y deseo que vuelvas a recrearme con ella. Pero, ¡ay!, no te acuerdas ya del delicioso retiro que con tantos pormenores imaginabas y embellecías; de aquel rebaño de ovejas que tú misma apacentabas; de aquellos robustos búfalos que cargaba Pietro cada día con el abundante producto de nuestras viñas; de aquel jardín coronado por un pintoresco palomar, en donde jugaba nuestro hijo revolcándose entre las flores, mientras los pichones ensayando sus primeros vuelos iban a posarse sobre sus hombros, acariciando con sus picos de marfil los dorados cabellos del inocente ángel. Y luego aquella iglesia pintorescamente situada, en la que oíamos misa antes de emprender nuestras cotidianas faenas, y aquellas alamedas sombrías por donde paseábamos en las tardes del estío; y aquellas mañanas de primavera en que almorzábamos sobre la grama, oyendo el ruido de las aguas y los cánticos de las aves; y las largas noches de invierno pasadas junto al fuego, leyendo yo, cantando tú o contemplando ambos en silencio el apacible sueño de nuestro hijo, mientras la leña chirriaba, el viento azotaba los cristales de nuestras ventanas, y la nieve cubría con sus copos nuestro humilde techo. ¡Oh, esposa querida! ¡Cuán dulce era tu voz, cuán elocuentes tus palabras cuando me hacías el hechicero retrato de aquella nuestra vida futura! ¿Por qué callas ahora? ¿Qué se han hecho las imágenes deliciosas que creaba tu imaginación para seducir mi alma?

—¡No lo sé! —respondió con desfallecida voz la sobrina de Angelo—; pero no ha sido culpa mía su fuga. ¡Infeliz!, ¿por qué me contaste tantas veces que un búho siniestro respondía a tus acentos, cuando me llamabas?, ¿por qué te he visto incrédulo y sombrío cuando te comunicaba mis halagüeños delirios, como si un espíritu infernal, posesionado de tu espíritu, le hubiese cerrado a toda emoción inocente y a toda esperanza lisonjera? ¡Y bien! —añadió estremeciéndose—, la profunda desesperación de tu alma se ha comunicado a la mía; ¡escucha!, yo también he tenido funestos agüeros y presentimientos lúgubres. Anoche me dormí un momento... un solo momento, porque bien sabes que me ha abandonado el sueño, y en aquel breve instante tuve una angustiosa pesadilla. Soñé que te arrastraba a pesar tuyo hacia un horizonte azul, que se me presentaba en lontananza despejado y sin límites. «Ven —te decía—, ven, que allí están el perdón, la virtud, la felicidad.» Y continuaba andando y tú me seguías; pero también el pájaro funesto iba con nosotros, cerniéndose sobre nuestras cabezas, cobijándonos con sus alas, respondiéndonos con sus graznidos. ¡Yo caminaba sin cesar, impaciente, presurosa, ávida... y el horizonte, cada vez más próximo, en vez de aparecer más claro, se iba oscureciendo, estrechando! Bien pronto solo se presentó como una gran masa de vapores oscuros; luego me pareció que cobraba formas que iban por instantes distinguiéndose mejor. Yo corría llevándote de la mano, y el pájaro seguía también tenazmente sobre nuestras cabezas. ¡La sombra de sus alas era tan fría, que la frente de ambos iba cubriéndose de la rigidez y blancura del mármol, y la sentíamos pesada, muy pesada! ¡Cada vez que aquel pájaro fatal batía las alas balanceándose en la atmósfera, nos salpicaba con un licor caliente, que al caer en nuestras frentes se helaba con prontitud y colgaba en témpanos sobre nuestros ojos... ¡mirelos y eran de sangre! ¡Pero andábamos, andábamos sin parar... la vaga forma de aquella mole aérea era ya más distinta! ¡Tú temblaste! «¡No temas —te dije—, es el perdón, la virtud, la dicha!...» El pájaro dejó oír un último y prolongado grito, y la masa de vapores nos presentó súbitamente una forma clara, pronunciada, horrible: ¡el patíbulo!

Calló la joven; su frente estaba humedecida por un sudor helado, y sus labios trémulos habían perdido el color; su nariz apareció perfilada y casi transparente, y una aureola de un azul violado se señaló con distinción al rededor de sus ojos, que se cerraron con desfallecimiento.

Espatolino, tan conmovido como ella, la ciñó con sus brazos estrechándola contra su seno.

—Desecha tan pueriles supersticiones, ángel de mi vida —la dijo—, débil, calenturienta, preocupada con pensamientos tristes, te rendiste un instante al sueño, y nada más natural que esa pesadilla, que indica solo el estado lastimoso de tu salud y de tu espíritu. Tú, que crees en una Providencia sabia y benéfica, ¿cómo puedes abrigar las cavilaciones tenebrosas de un impío fatalismo? ¿No eres inocente y pura? ¿No he jurado abandonar la carrera del crimen? ¿No has implorado al Dios a quien adoras, y no es él la suma bondad y la omnipotencia infinita? ¡Hija del cielo!, ¡deja a mi alma árida y descreída agitarse en el caos de la duda, y temblar por los absurdos delirios de la imaginación!, ¡tú tienes un Dios!, ¿por qué desconfías?

—¡Es verdad! —dijo ella—. Dios es tan piadoso que no puede ensordecer a los gemidos de mi corazón; Jesucristo derramó su sangre para lavar los pecados del mundo, y por culpable que seas tú, también fuiste redimido; tú también tienes aquel augusto derecho al perdón, que legó con su muerte el Salvador a los hijos de Adán. Pero hay felicidades tan grandes que no pueden concederse al arrepentimiento mismo; solo la inocencia las alcanza.

—¡Y quién más inocente que tú, ángel del paraíso! —exclamó con pasión Espatolino—. ¿Pesarán más en la balanza de la justicia divina mis crímenes que tus virtudes?

—Si tu corazón estuviese verdaderamente convertido —dijo ella—, yo desconfiaría menos de nuestra dicha. ¡Si Dios leyendo en tu alma la encontrase llena de amor, de pesar y de arrepentimiento!... pero tus rodillas no se han doblado para adorarle; tus labios no se han abierto para bendecirle ni una vez siquiera. ¡Por eso padezco!, ¡por eso dudo!, ¡por eso pierdo la esperanza! ¡Espatolino! Dios es misericordioso pero también es justo. ¿Pudiera perdonarte mientras tú le desconoces? ¿Pudiera llamarte mientras tú le huyes?

Espatolino inclinó la frente con aire pensativo.

—Prométele que serás bueno si te perdona —añadió ella—; júrale con verdad y con amor que no volverás a apartarte de la senda de la virtud, y entonces podré esperar. Dile, ¡Dios mío!, ¡creo en Vos y en Vos espero, y solo deseo vivir para reparar los errores de mi vida pasada; para expiar mis crímenes con la penitencia y ser un buen cristiano, un buen esposo y un buen padre!

—¡Sí! —dijo el bandido levantando la cabeza—. Juro todo eso, y creo en quien creas, y amo a quien ames, y espero en quien esperes. ¡Sí! —añadió poniéndose de rodillas—, hay un Dios que te hizo tan hermosa y tan pura, y yo le adoro en su obra.

La puerta de la estancia se abrió en aquel momento y Pietro entró presuroso agitando un papel en la mano.

—¡Albricias! —exclamó corriendo hacia donde estaban los dos esposos—, ¡albricias, mi capitán!, ¡albricias, mi capitana! Un mozo del Paradiso me ha entregado esta carta que acaba de llegar de Roma, y la letra del sobre es del señor Angelo; ¡bien la conozco!

Anunziata se apodera con ansia del inspirado papel, pero un temblor convulsivo invade todos sus miembros, su vista se ofusca y se fija inútilmente en aquellas líneas de vida o de muerte; ¡no puede leerlas!, ¡las letras le parecen cubiertas de un velo espeso! «¡Luz!, ¡luz!», exclama con agonía. Pietro aproxima una bujía; pero los ojos de Anunziata no distinguen mejor los importantes caracteres que se afana por comprender. Siéntese trastornada, teme desmayarse, no puede reprimir aquella agitación que la asesina, y sin embargo defiende con tenacidad el papel que quiere quitarla Espatolino.

«¡No!, ¡no!», grita; y vuelve a acercarle a los ojos, pasando por ellos su mano, como si creyese poder despejarlos del velo que los cubría. Su cuerpo está trémulo, sus facciones desencajadas, una indescribible ansiedad se retrata en ellas, mientras que su mirada, fija en el papel, parece devorarlo. Espatolino la contempla con no menor agitación; sus ojos observan atentamente los de Anunziata; los latidos de su corazón se escuchan distintamente en aquel momento de angustioso silencio. A la ansiedad que revelaba el rostro de la joven cuando se afanaba en balde por distinguir las letras de la carta, sucede la inmovilidad de una atención profunda: ¡conoce Espatolino que ya ha pasado la ofuscación de su vista, que ya lee! No respira, no hace un gesto, toda su alma está en sus ojos, que recorren aquellas líneas. Espatolino no aparta de ella su mirada; lee en su fisonomía lo mismo que ella en la carta. Ve colorarse ligeramente su tez casi lívida; reanimarse el brillo de sus ojos; entreabrirse sus labios exhalando fuertes respiraciones, como un asfixiado cuyo pulmón comienza a dilatarse; luego todo su semblante se despeja, se ilumina, brilla con una inefable expresión, y cae de rodillas exclamando:

—¡Ya puedo morir, Dios mío!

—¡Y bien!, ¡y bien! —dice con alterado acento Espatolino.

—¡Estás perdonado! —responde ella, y pierde el sentido.

Por violentas que puedan ser las emociones de la alegría, es muy raro, por desgracia, que causen la muerte. Cruel el destino hasta cuando halaga, avaro hasta cuando prodiga placeres, no renuncia al derecho de cobrarse con usura, ni nos permite salir del mundo cargados con la deuda del reconocimiento. Gran favor le deberíamos si hiciese la vida tan breve como la felicidad, ya que no es posible hacer la felicidad tan larga como la vida; pero, lo repetimos, rara vez llega la muerte en aquellos momentos supremos en que acabamos de gozar toda la plenitud de la vida, y cuando dilatándose y engrandeciéndose el alma, anhela por salirse del cuerpo y lanzarse con todo su vigor a la eternidad.

El primer movimiento de Anunziata, al recobrar los sentidos, fue arrodillarse por segunda vez para dar gracias al cielo por aquella inmensa felicidad. Su esposo la contemplaba en silencio.

—¡Póstrate! —le dijo ella con acento dulcemente imperioso—, ¡humilla tu alma rebelde ante el Dios de las piedades! ¡Estás perdonado!... ¿No lo has oído? Estás perdonado por los hombres, porque Dios ha hablado a sus corazones. ¡Y qué!, ¿el tuyo solo desoirá su voz, cuando te llama, cuando te redime?

—¡No! —exclamó el bandolero—. Si la injusticia y el infortunio me hicieron desconocerle, no negaré a la clemencia y a la felicidad el poder de revelármele. Dios existe y tú eres el ángel de su misericordia, enviado a la tierra para salvar las almas extraviadas por la crueldad de los hombres.

—¡Póstrate! —repitió ella con exaltación—, póstrate y llora, y ruega y bendice conmigo.

¡Oh, poder milagroso del amor!, el impío Espatolino se arrodilla junto a su amada: su frente rebelde se humilla confusa; sus labios blasfemos murmuran una oración. La joven esposa, inclinada hacia él, puestas entrambas manos sobre sus espaldas, los ojos levantados al cielo con expresión sublime, la frente iluminada por el sentimiento de una alegría profunda, derrama abundantes lágrimas sobre la cabeza de aquel criminal querido. ¡Bautismo regenerador, que preside la Luna con sus melancólicos fulgores, como si fuesen mensajeros del perdón celeste!

Ella se levanta luego pálida, sí, pero radiante, divina. Tenía en aquellos momentos una belleza sobrehumana.

—Pietro —dijo—, busca flores: las más hermosas, las más puras; quiero adornar con ellas el altar de la Madonna y que pasemos la noche rezando de rodillas delante de él.

Pietro salió dando saltos, batiendo las manos, y húmedas todavía sus mejillas con las lágrimas que le arrancara la escena de que había sido testigo.

La joven se acercó a un nicho cubierto por una cortina de tafetán verde; la descorrió dejando patente una pequeña, pero primorosa estatua de mármol blanco, que representaba a la Virgen pisando la cabeza del dragón. Encendió y puso sobre la meseta del altar algunas bujías, y postrándose en el pavimento, dijo a su marido:

—Ven; voy a leerte la carta bendita del generoso Angelo, aquí de hinojos ante la santa imagen de la Madre del Redentor; escúchame como se escucha la absolución de un ministro de Dios, levantando tus ojos y tu corazón a la efigie veneranda de la castísima Virgen.

Obedeció el bandido con la docilidad de un niño, y ella leyó en alta voz aquella carta que el exceso de su regocijo le había impedido terminar. Su voz era dulce, vibrante, impregnada, por decirlo así, de todos los sentimientos deliciosos que rebosaban en su alma. Espatolino la escuchaba atentamente y en actitud respetuosa. La carta estaba concebida en estos términos:

«Mucho siento, hija mía, haberte tenido tantas horas (que te habrán parecido siglos) sin noticias de nuestro asunto; pero no ha consistido en mí. La cosa presentaba grandes dificultades, y he tenido que hacer uso de toda mi sagacidad, de toda mi pertinacia y de toda mi paciencia para conseguir el hacerme escuchar; lo que no hubiera alcanzado, sin embargo, sin el auxilio de un amigo que goza la más justa consideración. ¡Qué excelente caballero es el coronel Dainville! ¡Qué corazón has despreciado! ¡Esa locura tienes que expiarla severamente, Anunziata! Qué felices hubiéramos sido todos, si en vez de encapricharte por... En fin, ya no hay remedio y puesto que estás casada y que serás madre en breve, solo debo pensar en evitarte la desgracia y la vergüenza de ver perecer en un suplicio a tu marido, a quien he perdonado de todo corazón.

»He trabajado mucho, mucho por conseguir su indulto; pero hasta este instante era dudoso el resultado, y por eso no quise darte una esperanza que pudiera salir fallida. Gracias a Dios y a los buenos oficios del señor Arturo de Dainville (a quien nunca podremos agradecer debidamente tantos favores inmerecidos), acabo de saber con grandísima alegría que el Gobierno se digna aceptar el arrepentimiento de tu esposo, y le promete solemnemente un generoso y completo indulto.»

Hasta aquí había leído la primera vez Anunziata, y aquí volvió a interrumpirse para bendecir nuevamente al cielo. Luego continuó con voz conmovida, que fue embargándose más y más a medida que se acercaba a la conclusión del escrito:

«Sí, hija mía; Espatolino puede contar por seguro su perdón y se le permitirá, además, la tranquila posesión y el libre uso de sus riquezas, de las cuales nada debe ni quiere admitir el Gobierno. Otra es la condición que le impone; dura a la verdad, dolorosa, lo conozco, y temo que tu marido caiga en la tontería de rehusarla.»

—¡No!, ¡no! —exclamó el bandolero—, ¡yo la acepto, cualquiera que sea! Escríbeselo así, Anunziata; dile que al instante la he aceptado; que quiero mi indulto, que quiero tu felicidad a cualquier precio. Bien conozco que debo sufrir algún castigo... ¿Querrán cortarme las manos?, ¡estoy pronto!, somos ricos; no las necesito. ¿Creen que deben dejarme ciego?... ¡No poder verte! ¡No poder conocer las facciones de mi hijo!... Es horrible; pero no importa, oiré tu voz y la suya que me repetirán: «Somos felices».

Anunziata, que había continuado en silencio su lectura mientras él hablaba, dejó caer súbitamente la carta lanzando un grito penetrante y profundo. Espatolino comenzó a temblar y la preguntó azorado:

—¿Cuál es esa condición terrible?... ¡Por qué leo en tu rostro que es terrible! ¡Cuál es, dila! Excepto la de separarme de ti, ninguna pueden imponerme que no esté dispuesto a aceptar. ¡Habla! ¿Qué exigen de mí?

—¡Oh! —dijo ella con un rechinamiento de dientes que causaba frío—, ¡no la aceptarás, estoy segura! ¡Somos perdidos, perdidos para siempre! ¡No hay perdón, no hay felicidad!

—¡Habla! —repitió el bandido con ahogada voz e imperioso acento—. ¿Qué exige de mí el Gobierno?

—Que entregues a tus compañeros para que sirvan de escarmiento público —respondió desfallecida la joven.

Saltó Espatolino como si le hubiese picado una víbora; fue espantosa la expresión de su rostro en aquel momento, y nada nos parece comparable al ademán y al acento con que dijo:

—La traición... ¡el perdón a precio de sangre!... ¡Oh viles!

Arrancose los cabellos con sus manos convulsas, rugió como un tigre en la agonía, y añadió con gesto amenazador y con acento temible:

—¡Guarden su infame dádiva!, ¡guárdenla como yo mi odio! Nada quiero ni de Dios ni de los hombres; ¡soy el bandido!, ¡lo seré siempre!, guerra eterna a la humanidad, y si fuese posible, ¡guerra también al cielo!

—¡Ya lo sabía yo! —articuló débilmente Anunziata.

No dijo más; una violenta convulsión la acometió al punto, y un velo cárdeno cubrió su semblante, espejo un momento antes de las más vivas emociones e imagen entonces de la muerte.

Espatolino acudió a socorrerla; pero al verla creyó imposible remediar los funestos efectos de aquel último golpe, capaz de quebrantar el corazón más fuerte, y apretándola entonces con una especie de frenesí contra su seno agitado:

—¡Muere! —exclamó—, ¡muere, desventurada!, el mundo no es digno de poseerte, y yo solo te he atraído para destrozarte el alma!

XII

La convulsión y el síncope que padeció sucesivamente Anunziata fueron precursores de una fiebre violenta, que la rindió completamente cerca de las nueve de la noche. El letargo inseparable de aquel género de calentura era interrumpido a intervalos por accesos de delirio; entonces hablaba de traiciones, de cadalsos, de lagos de sangre en que se sumergía. Rechazaba con esfuerzos vehementes no sé qué fantasma que, según podía inferirse de sus inconexas palabras, se le presentaba amenazador y terrible. En algunos momentos parecía prestar la mayor atención como si alguno le hablase en voz muy baja, o se afanase por comprender el origen de algún rumor vago que llegase a sus oídos; pero enseguida lanzaba estremeciéndose agudísimos gritos, y repetía despavorida:

—¡Es él!, ¡es el mismo búho que graznaba sobre la cabeza de Espatolino!

Otras veces se figuraba estar en presencia de su tío, y le reconvenía por no querer salvar del patíbulo a su esposo, o bien, convirtiendo de súbito en el mismo rey a su imaginario interlocutor, le dirigía con patético acento las más humildes súplicas, implorándole a nombre de su hijo, cuya voz (decía) escuchaba resonar en sus entrañas.

La fiebre parecía cobrar mayor violencia por instantes; un ligero y lustroso sudor humedecía sus facciones desencajadas; su respiración se hacía más difícil progresivamente; su pulso era duro y desigual, y se quejaba de que le apretaban la cabeza con un círculo de hierro. Espatolino estaba desesperado. Quiso enviar a llamar con uno de los suyos algún médico del pueblo; pero il Silenzioso le advirtió que solo había uno en la actualidad, y que se aseguraba generalmente que podían aplicársele aquellos versos:

Quando il becchin sentiva che chiamato
era el medico tal per una cura,
senza stare a informarsi del malato
facea la fossa per la sepoltura.[21]

—Pero conozco un hombre muy hábil que aunque no esté recibido de médico pasa por profundamente instruido, y ha hecho curas maravillosas —añadió il Silenzioso—. Vive a una milla de aquí, en el camino de la Riccia, en una casita aislada, pues es un sabio que solo se ocupa de la Física y de la Astronomía. Mi hijo le conoce, y si el capitán lo permite saldrá al punto en su busca.

—¿Creéis que vendrá? —preguntó Espatolino.

—Es un hombre muy filantrópico, y su mayor placer consiste en asistir a los enfermos.

—Pues bien, que parta al punto vuestro hijo, y en anticipada muestra de mi gratitud, haced que le lleve este anillo de brillantes.

El Silencioso salió con prisa a cumplir la orden, y Espatolino se puso de rodillas a la cabecera de la enferma, que entonces parecía aletargada. Contemplola largo rato con dolorosa atención: el rostro de la joven se desfiguraba más y más; ligeros estremecimientos recorrían sus miembros rígidos; y aunque permanecía inmóvil, notábase la opresión de su seno por la dificultad con que respiraba. Pietro, creyéndola moribunda, lloraba tendido junto a los pies de la cama; sus sollozos atormentaban de tal manera el corazón de Espatolino, sin ellos ya demasiado afligido, que le mandó

21   Sabiendo el sacristán que era llamado
      aquel sabio doctor para una cura,
      sin preguntar quién fuese el desgraciado
      se daba prisa a abrir la sepultura.

salir de la estancia. Solo con su mujer, abandonose a toda la amargura de su dolor; lágrimas silenciosas corrieron entonces por sus mejillas, y sus manos apretadas contra su pecho señalaron en él sus uñas:

—¡Anunziata!, ¡vida mía! —la dijo—, ¿qué sientes?, ¿por qué no me diriges una palabra?, ¿ignoras que está aquí tu Espatolino?

Entreabrió ella sus ojos secos y ardientes, y los clavó en él, pero sin conocerle, murmurando enseguida algunas confusas frases, de las cuales solo éstas entendió su esposo:

—El perdón... ¡si no, morir!... vale más morir que soportar esta existencia. ¡Él no quiere!... mi hijo está agonizando en mi seno, porque no quiere nacer para ser un ladrón como su padre. Su padre ha declarado la guerra a Dios y a los hombres... Dios tiene un infierno, los hombres un patíbulo... mi hijo no quiere ni el infierno ni el patíbulo... ¡quiere el perdón!, ¡el perdón es la vida!

—¡Oh!, ¡esto es demasiado! —exclamó con desesperación Espatolino—. No hay crimen que no sea expiado por tan atroces padecimientos. Yo pudiera darle la vida —añadió después—, pudiera darle la felicidad... ¡pero a qué precio! ¡La traición!... ¡no!, ¡nunca!, ¡nunca! —prosiguió tendiendo las manos, como si rechazase a alguien—. ¡Déjame, demonio tentador!... ¡que muera ella, que muera mi hijo!, ¡perezcan cien veces antes que Espatolino rescate sus vidas a precio de una infame alevosía! ¡Ellos!... ¡mis compañeros!, ¡mis leales amigos!, ¡ellos, infelices como yo!, ¡ellos, que darían su sangre por una gota de la mía!... ¡Infamia!, ¡maldito sea el hombre infernal que osó proponérsela a Espatolino!

—Ese pájaro negro me está picoteando los ojos —murmuró con acento de dolor la enferma—, está graznando en mis oídos... el frío de sus alas hiela mi frente... ¡me pesa como si fuera de mármol!... no puedo más... esto es... ¡la muerte!

Cerráronse nuevamente sus ojos y volvió a aletargarse. Espatolino apoyó la cabeza en el borde del lecho, y apretó entrambas manos sobre sus labios para ahogar los gemidos que pugnaban por salir de su angustiado pecho.

Era la hora solemne de la medianoche; la lámpara que ardía sobre una mesa estaba cubierta con una gasa oscura, al través de la cual derramaba en la estancia una claridad débil y fúnebre. Todo estaba en silencio, solo se oían la penosa respiración de Anunziata y los desordenados latidos del corazón de Espatolino.

De repente aquélla se estremece y exclama con acento profundo:

—¡La traición!... ¡eso es horrible! ¡Dios no quiere la traición!

—¡Alma de mi vida! —dijo Espatolino—, tranquilízate, no existe la traición cerca de ti.

—¡Ella va a estallar sobre tu cabeza! —pronunció una voz clara y varonil, aunque modificada por la cautela.

Volviose Espatolino y vio de pie a sus espaldas a un joven robusto, de semblante expresivo y ojos perspicaces.

—¡Gennaro Occhio linceo!, ¿qué has dicho?

—¡La verdad!, esa niña en un sueño o en un delirio, acaba de anunciártela también. La traición vela junto a ti, Espatolino; ¡huye, o estás perdido!

—¡La traición!, ¿quién?, ¿cómo?... ¿acaso Rotoli?

—No conozco ese nombre; pero los traidores están cerca de ti, bajo tu mismo techo.

—¡Bajo mi techo!... ¡cómo! ¿El Silencioso?...

—No, tus camaradas, tus súbditos: ¡Roberto y sus compañeros!

—¡Mientes! —gritó Espatolino poniéndose en pie con gesto amenazante.

—No hables tan alto, por amor a tu vida; he expuesto la mía por darte este aviso; he logrado, con no pocos trabajos y astucias, escaparme de mi estancia sin ser visto y llegar a la tuya, pero desconfían y me acechan. Ambos estamos en este instante en inminente peligro y es preciso abreviar la conferencia.

—¡Estás loco, Gennaro! —dijo Espatolino—, has tenido alguna pesadilla.

—Bien larga, a fe mía —respondió Occhio linceo, con amarga sonrisa—; pues hace muchas horas que estoy padeciendo una penosa angustia, temeroso de poder llegar hasta aquí sin ser notado, en cuyo caso estábamos perdidos.

Espatolino se aproximó más a su interlocutor; una expresión indefinible se veía en su rostro y dijo:

—¡El infierno entero se ha entrado en mi alma! Explícate, Gennaro, porque creo que va estallar mi cabeza y quiero saber antes lo que significan tus palabras.

—No las has comprendido, ¡corpo di Dio! ¡Capitán!, te repito que los momentos son preciosos y no hay que perderlos. ¡Escucha!, tus camaradas y los míos se han convenido en comprar su indulto a precio de tu cabeza. Muchos días hace que el pérfido Giacomo se atrevió a hacernos tan odiosa proposición; pero entonces fue desechada. Ya sabes que Braccio di ferro y cuatro de sus amigos rehusaron obedecerte y fueron a reunirse con Lappo; pero ignoras que los mismos que cumplieron entonces tus mandatos participaban del descontento de los rebeldes. Cuando Baleno intentó expresarte, a nombre de todos, el disgusto con que veían la mudanza de tu carácter y el descuido con que ejercías tus funciones de capitán tuviste la imprudencia de amenazarle...

—¡Su audacia merecía la muerte! —dijo con sorda voz Espatolino.

—Y tu soberbia le pareció a él digna de su venganza —respondió Occhio linceo—. Desde aquel momento fue tu enemigo, porque te hubiera creído justo si le mandabas ahorcar por la menor infracción de la disciplina; pero te juzgó tirano cuando rehusaste escucharle como a un camarada celoso de tu gloria. Giacomo tuvo ya un auxiliar, y un auxiliar temible, porque Baleno goza de influencia entre los nuestros. El huracán que se formaba sobre tu cabeza estalló sordamente cuando nos mandaste correr las cercanías en busca de tu mujer, mientras que todos estaban impacientes por ir a la expedición propuesta por ti mismo, y de la que se prometían tan considerables ventajas. Tu pérdida fue resuelta, y si volvieron aquí solo fue para asegurarla. Esta tarde nos hemos reunido cerca de la Madonna di Gallora,[22] para convenir definitivamente en los medios de librarnos de ti. Giacomo repitió su proposición, porque anhela su indulto, y Baleno, que en otra ocasión le había llamado infame, la apoyó ahora, porque quiere vengarse. Su dictamen conquistó el de otros; solamente Roberto, Irta chioma y yo rechazamos la traición; pero estábamos en minoría. Roberto cedió por fin; Irta chioma resistió por mucho tiempo; pero notó señales de inteligencia entre los otros, temió que le asesinasen allí mismo, y como es un mozo que aunque sabe cumplir con su obligación cuando llega el caso, no está dotado de una gran fortaleza de espíritu, se intimidó al ver que era el único que se oponía a una resolución ya irrevocable tomada, y suscribió a todo obligándose con juramento. He dicho que Irta chioma era el único que resistía, y de eso inferirás que yo, luego que me convencí de que era inútil trabajo el tratar de disuadir a aquellos malvados, fingí participar de su opinión y no hablé ni una palabra más. Pero todos conocían mi adhesión a ti y

22 La Madonna di Gallora es una iglesita aislada a media milla de Gensano.

lo mucho que te debo, capitán, y desconfiaron con razón de mi sinceridad; por eso me espían, y por eso solo a fuerza de sutileza y disimulo he podido burlar su vigilancia y llegar hasta ti para advertirte lo que pasa.

—¡Esto es horrible! —exclamó Espatolino—, ¡yo pierdo el juicio!

—¡Baja la voz en nombre del cielo! —dijo Occhio linceo—, y escúchame. Está decidido que al romper el alba parta Baleno a Roma; sabes bien que se publicó un bando en que se ofrecían por tu cabeza diez mil escudos, y además el perdón absoluto de los culpables, si eran de los tuyos los que prestaban este servicio al Gobierno. Baleno, fiado en este bando, va a entablar las negociaciones, ofreciendo tu vida por el indulto suyo y de los otros catorce.

Espatolino cayó en tierra como si todos los músculos de su cuerpo se hubiesen quebrantado:

—¡Traditori! —fue todo lo que pudo decir.

—Aun contando con el hijo del Silencioso —prosiguió Gennaro—, pues el padre es un viejo que no sirve para maldita la cosa, y con Pietro, que es un gallina que no sabe disparar un fusil, solo somos cuatro; sería locura el pensar en acometerles durante esta noche, en que sin duda no dormirán muy tranquilos. Lo más seguro es que aproveches estas horas para salir furtivamente con tu mujer y con Pietro, y que andéis deprisa hasta llegar a un paraje que os parezca seguro. Yo, si me necesitas, no tengo reparo en acompañarte, pero como estoy espiado pudiera comprometer tu fuga, y quedándome aquí algunas horas más facilitaría los medios de escaparme, antes que se advirtiese tu ausencia, y correría a buscar a Estéfano y a Lappo, que no dudo se conserven leales, para que acudiesen con su gente al sitio que escojas para tu retiro.

—¡*Traditori!* —volvió a gritar Espatolino, rugiendo como un león herido.

—No es tiempo de hacer lamentaciones —dijo Gennaro—, sino de huir; acuérdate que al rayar el alba partirá Baleno a Roma; que su proposición será aceptada, y que Roma solo dista de aquí seis leguas, es decir, que mañana por la noche ya puedes haber entablado conocimiento con los gendarmes, y algunos días después con el verdugo. Yo no puedo detenerme más; ¡adiós!, dispón tu fuga y buen viaje.

—¡Aguarda! —dijo levantándose Espatolino—. Mira; mi mujer está agonizando; es imposible la fuga. ¡Oh!, ingratos —añadió golpeándose la frente con sus puños—, yo la dejaba morir... ¡a ella!... ¡la dejaba morir cuando ellos me vendían!

—¡Y bien!, ¿qué piensas hacer? —preguntó impaciente *Occhio linceo*—. ¡Pero silencio!... ¡He sentido rumor!... ¡*Sangue dell'ostia!*, ¡estamos descubiertos!, ¡somos perdidos!

—No hay cuidado —respondió una voz sumisa—; soy yo, Pietro, y el pobre Rotolini, que no sabe qué hacer sin la capitana, que le tiene acostumbrado a dormir a sus pies.

—Calla, pues, y retírate —dijo bruscamente Espatolino—; ¡desgraciado de ti si ocasionas el rumor de una mosca que vuele!

—No hay cuidado —repuso Pietro saliendo de puntillas—; Rotolini y yo callaremos como dos cadáveres.

Espatolino se acercó a Gennaro, y asiéndole del brazo derecho con su mano férrea, le dijo en voz muy baja y profundamente rencorosa:

—¡No puedo partir, pero quedándome aquí puedo salvarme y vengarme!

—No te entiendo —respondió encogiéndose de hombros Occhio linceo.

—Escucha: me has dado una prueba de lealtad, y tengo muchas de tu valor. Sé que tu ojo es certero y tu mano segura.

—¡Ya lo creo!... ¡por vida de Júpiter!, me llaman Occhio linceo.

—Baleno saldrá para Roma dentro de algunas horas.

—Ya son las cuatro o cerca de ellas; a las cinco poco más o menos se pondrá en camino, y como llevará un caballo de los mejores, bien se puede asegurar que estará en Roma a las nueve.

—Ese viaje es muy corto —dijo con sombrío acento Espatolino.

—Ya lo conozco; ¡pero qué hemos de hacer!

—Obligarle a emprender otro más largo.

—¿Adónde diablos?, ¿ni cómo hemos de poder obligarle?...

—Te llaman Occhio linceo: tu ojo es certero y tu mano segura; el camino de Gensano a Roma es, a trechos por lo menos, bastante solitario.

—¡Voto a sanes, que hasta ahora no te había entendido!

—¡Pero ya me entiendes! ¡Y bien!, ¿quieres hacer a tu capitán este último servicio?

—¡Y diez más, corpo della Madonna! ¿Pero qué conseguirás con eso? Cuando vean que no vuelve Baleno mandarán a otro, y... a menos que creas posible irlos despachando de igual modo uno a uno... pero eso es difícil porque sospecharán.

—¡No!, me basta con Baleno; si se logra que no llegue a Roma, al otro día nada tendré que temer: ¡estaré salvo y vengado!

—Eres muy sabio, capitán, y no dudo que será como dices. ¡Dios lo quiera! Conque yo solo tengo que hacer...

—Que Baleno emprenda un viaje más largo.

—¡No volverá de él, te lo juro! Pero luego, ¿qué haré?

—Ponerte en salvo, y procurar ser dichoso —dijo Espatolino con voz trémula.

—¿No volveremos a vernos?, ¿no me citas a algún paraje?

—¡No, amigo mío!, olvídame, y pues eres rico, sal de Italia y proporciónate una existencia tranquila en cualquier país extranjero.

—La tranquilidad no me parece gran cosa, que digamos, porque fui soldado en otro tiempo, y a no ser por un bofetón inmerecido que me dio mi teniente... El hombre no siempre es dueño de sí mismo; aquella afrenta me causó coraje... tenía el sable al lado, y no sé cómo diablos me lo encontré en la mano. ¡Dios haya perdonado al bruto del oficial! Buen bofetón me dio, y tristes consecuencias ha tenido. ¡Desde entonces soy bandolero!

—Si dejas de serlo —repuso con alterada voz el capitán—, si te cansas de una profesión sangrienta, procura noticias de Espatolino; será entonces un laborioso labrador, oscuro, pero dichoso; poseedor de una mujer angélica y de uno o más hijos preciosos. Su puerta siempre estará abierta para ti; su corazón también... ¡ah!, ¡su corazón está despedazado, es verdad!, pero he conocido un hombre leal: ¡tú!; dos mujeres santas: ¡mi madre y mi esposa!, por eso no te digo que la humanidad es perversa, aunque ellos también hayan sido infames y traidores: ¡ellos que eran mi última fe!

—¡Que Dios los castigue! —dijo Occhio linceo.

—¡Y yo! —añadió Espatolino volviendo a recobrar su gesto y su tono amenazador y lúgubre.

—Así sea, capitán; bien merecido lo tienen.

—¿Cuándo partirás?

—Si lo veo posible ahora mismo, si no algunos minutos antes que él; diré que tengo un cólico, y que voy a consultar a un médico de Gensano; acaso creerán que trato de escaparme, pero no importa; no sospecharán la verdad y eso basta. Pero si por desgracia llegasen a sospechar y me impidiesen salir...

—En ese caso no hay otro remedio que morir matando —respondió Espatolino.

—Entendido, capitán. Que la Santa Madonna nos asista.

—Adiós, Gennaro, recibe un abrazo de tu amigo.

Los dos bandidos se abrazaron estrechamente y se separaron: el uno volvió cautelosamente a su habitación, el otro a la cabecera de su esposa, a la que halló bañada en sudor.

—¡Dios sea loado! —exclamó; era la primera vez en veinte años que aquellas palabras salían de su boca—. Este sudor indica una crisis: el pulso está mejor... la respiración más libre.

—¿Quién habla? —preguntó ella con voz lánguida.

—¡Yo!, ¡tu esposo!

—He tenido un sueño espantoso... soñé que... ¡no me acuerdo!, pero tengo ideas confusas... ¡sí!, te había perdonado el rey, pero luego retiró su palabra, y, dijo... ¡que te matasen, o que matases tú a tus compañeros!, ¡no dejó otra alternativa el cruel!... Todo eso ha sido un sueño, ¿no es verdad?

—No todo, amor mío. Tenemos esperanzas del perdón.

—¡Las tenemos!

—Sí.

—¿Me lo juras, Espatolino?

—Te lo juro por Dios, en quien ya creo como tú.

—¡Crees en Dios!... ¡ah!, ¿será que estoy soñando todavía?, ¡que no despierte jamás!, ¡que muera soñando!

—No morirás; vivirás para mí, para nuestro hijo; seremos buenos, ¡felices!

—¡No me engañes!, ¡mira que he padecido mucho y siento un trastorno!... ¿Estaré loca, Espatolino?

—¡No, ángel del cielo! Tranquilízate; descansa, procura cobrar fuerzas para la dicha.

—¡La dicha!, ¡sí!... Tienes razón; ¡yo necesito la dicha!

Murmuró algunas palabras que no pudieron entenderse, y se quedó dormida.

Espatolino velaba su sueño, besando sus cabellos esparcidos sobre la almohada; pero cualquiera que le hubiese observado habría conocido que a pesar de la dicha que era para él contemplar el alivio de su esposa, un dolor profundo desgarraba su corazón, y escucharía salir de su boca contraída esta frecuente exclamación: «¡Traditori!».

Hacia las cuatro de la madrugada oyose el ruido de las pisadas de un caballo.

—¿Vuelve el hijo del Silencioso que fue a buscar al médico? —preguntó Espatolino a Pietro, que había vuelto a situarse a los pies del lecho de la enferma.

El mancebo abrió un balcón cautelosamente y observó por él. Luego volvió de puntillas y dijo muy bajito:

—Es Occhio linceo que se marcha; lo he conocido, a pesar de que aún es de noche.

—¡Bien! —dijo Espatolino—, llama al Silencioso, pues tiene que llevar una carta a Roma apenas despunte el día. Dile que quiero traer para la asistencia de mi esposa un famoso médico residente en aquella corte; ¿entiendes?, el médico se llama Angelo Rotoli.

—¡Angelo Rotoli!

—¡Silencio, y obedece!

El mozo salió, y Espatolino escribió sobre sus rodillas este billete:

He leído vuestra carta y os creo sincero. En este concepto quiero conferenciar con vos sin testigos, y os espero solo junto a las minas de las tumbas que están a la derecha en la vereda del camino que conduce a Roma, a tres millas y media de Gensano. Mañana martes a las siete de la noche estaré allí. ESPATOLINO.

XIII

Cuando llegó el curandero en cuya busca había salido por la noche el hijo del Silencioso, la enferma se encontraba libre de calentura, y un ligero calmante que le administró contribuyó eficazmente a adelantar su mejoría. Espatolino, sin embargo, no daba muestras de la alegría que debía causarle tan favorable mudanza: su semblante torvo y desencajado, llevaba el sello de un profundo y secreto dolor, que en vano procuraba encubrir bajo forzada sonrisa.

La salida del Sol había sido acompañada de un recio aguacero; pero la atmósfera, purificada por la lluvia, permitió al día ostentarse más sereno y hermoso. La temperatura era suave; el aire puro, todo contribuía al alivio de la joven doliente, cuyo pecho respiraba en efecto con libertad, mientras sus ojos se fijaban en su esposo con dulcísima ternura.

—Amigo mío —le dijo—, me siento mejor, mucho mejor; disipa tus inquietudes, pues padezco al notar en tu semblante la huella dolorosa de las penas que te causo.

—Estoy tranquilo; soy feliz —respondió el bandido con acento que le desmentía.

—Escucha: he estado tan trastornada; tengo aún tanta debilidad y confusión en la cabeza, que no acierto a distinguir la verdad de la mentira; no sé qué cosas he soñado durante la fiebre, y cuáles me han pasado realmente. Solo me acuerdo con claridad de que esperábamos una carta de Roma... ¡una sentencia de vida o de muerte! Todo lo posterior se me presenta oscuro; tengo no sé qué ideas de traición, de muertes... Se me figura que recibimos tu indulto, pero que fue revocado enseguida, porque te exigían por precio de él que entregases a tus pobres compañeros, que aunque muy criminales te aman como a padre; tú te negaste, y entonces...

¡te condenaron a ti! Todas estas cosas habrán sido imágenes del delirio, ¿no es cierto?

—No todo —respondió Espatolino—. Cuando tu salud se encuentre completamente restablecida, te explicaré los varios acontecimientos de la terrible noche que acabamos de pasar. Por ahora solo te conviene saber que antes que concluya el día debo avistarme con Rotoli, y que tengo grandes esperanzas de conseguir mi indulto sin comprarlo a precio de la vida de amigos leales.

Al pronunciar las últimas palabras una sonrisa amarga y convulsiva contrajo momentáneamente sus labios; pero Anunziata no reparó en ella y levantó los ojos al cielo con una expresión inefable de gratitud, mientras apretaba contra su seno las manos de su marido.

—Dios es piadoso —dijo—, y los hombres no son tan malos como ha juzgado tu resentimiento.

—Si Dios es piadoso —repitió el bandolero con indefinible gesto, y los hombres me han dado una nueva prueba de su bondad.

A las diez de la mañana despidió Espatolino al Esculapio, pagándole generosamente, y mandó llamar a Roberto. Presentose il Fulmine con aspecto receloso; pero debieron tranquilizarle las primeras palabras del jefe.

—Hace cuarenta y tantas horas que regresasteis de la correría que hicisteis cumpliendo mis órdenes —le dijo—, y no había podido veros ni hablaros. No ignorareis que aunque tuve la dicha de encontrar a mi esposa, fue amargada por el disgusto de una enfermedad que ha padecido, y de la que, gracias al cielo, ha cesado ya completamente el peligro. Libre mi corazón del cuidado que le ocupaba, he pensado en vosotros, amigos fieles y bondadosos, que tomáis una parte en todos mis pesares, y que habéis estado en triste inacción durante las amargas horas en que el riesgo de una existencia querida me ha impedido atender a mis obligaciones de capitán. Os debo mil gracias por la indulgencia que concedéis a la única debilidad de mi vida, y mientras dispongo alguna expedición que nos compense del tiempo perdido, quiero que festejéis el restablecimiento de mi mujer con un banquete opíparo, cuyos gastos corren por mi cuenta. Toma este bolsillo, Roberto; haz traer a esta casa lo mejor y más delicado que pueda encontrarse en los lugares de la cercanía, y dispón una cena para esta noche, digna de vuestro habitual apetito y de mi munificencia. Tengo que ocuparme en asuntos graves de conveniencia para la cuadrilla; os permito celebrar la fiesta sin esperarme, reservándome el derecho de sorprenderos cuando menos lo penséis, para echar algunos tragos con vosotros, brindando por la salud de mi esposa y por vuestra lealtad nunca desmentida.

Oyendo hablar así a Espatolino, cuya voz insegura y de mudado semblante eran en su concepto indicios evidentes de lo mucho que había padecido en la dolencia de su mujer, experimentó Roberto una emoción invencible, mezcla de confusión, de remordimiento y de vergüenza por su propia debilidad, que de tal calificaba la impresión que sentía. Tomó con repugnancia el bolsillo que le alargaba Espatolino, y murmuró bajando los ojos y con señales de timidez que contrastaban admirablemente con los rasgos groseros y atrevidos de su figura hercúlea.

—Hemos sentido mucho vuestra conducta, capitán... todos os queríamos bien... no sé si los compañeros estarán dispuestos a... En fin, haremos lo que mandéis.

Temblaron los labios de Espatolino al responder:

—¡Bien!, dispón, como te he ordenado, una abundante cena a los camaradas, y no les escasees los mejores vinos. Hablaremos después, Baleno, que es muy listo, puede encargarse de las provisiones.

—Es que... Baleno no está aquí —dijo con voz casi ininteligible il Fulmine.

—¿Dónde ha ido? —preguntó el capitán mirándole de hito en hito.

Hubo entonces un instante en que dominado el teniente por el antiguo influjo que ejercía en su corazón Espatolino, por la turbación de su culpa y acaso también por un sentimiento de generosidad, que no estaba extinguido completamente en su alma, estuvo a punto de arrojarse a los pies de su víctima y confesárselo todo. Comprendiolo Espatolino, y a su pesar se sintió conmovido. También él se halló entonces impulsado a renunciar un pérfido disimulo, a indignarse, a reconvenir... ¡a perdonar acaso!

Uno y otro bandido batallaron un momento con aquellos secretos deseos, y ambos consiguieron sofocarlos.

—Baleno ha ido a hacer algunas compras en Albano —dijo Roberto.

—Sentiré que no participe del festín —respondió con diabólica sonrisa Espatolino—; pero espero que los demás no desairaréis mi obsequio, y que me guardéis una copa.

—Se hará como lo deseáis, capitán.

—Pondréis la mesa en la sala que está al extremo opuesto; mi mujer aún se encuentra muy débil y el ruido pudiera molestarla.

Roberto se retiró y Espatolino volvió junto a la enferma.

Dormía apaciblemente, envuelta entre pieles de armiño, cuya blancura no superaba a la de su rostro pálido. Espatolino contempló largo rato su tranquilo descanso, besando repetidas veces las trenzas de ébano de su suelta cabellera.

—¡Ella al menos será feliz! —murmuraba algunas veces—. ¿Qué importa que mi corazón conserve abiertas heridas incurables?

Pietro entraba frecuentemente en la alcoba, seguido de Rotolini, que jamás se le apartaba.

Una de las veces que se presentó dijo a Espatolino:

—Capitán, il Silenzioso acaba de volver de Roma con esta carta para vos. El pobre viejo ha pasado un buen susto, pues tropezó en el camino con un cadáver todavía caliente, y tuvo que alejarse a toda brida, por temor que llegasen gentes y le creyesen autor de aquella muerte. Lo más extraño del caso es que, según afirma, el difunto se parecía a Baleno como un huevo a otro.

—¿A quién ha comunicado esta observación? —preguntó con alterado rostro el capitán.

—A mí solamente.

—Corre y dile que le prohíbo desplegar los labios en todo el día de hoy.

—Poco le costará —dijo Pietro al salir—, así como así él no habla sino cuando muere un papa.

—¡Bien, Occhio linceo! —dijo Espatolino al abrir la carta que el hijo de Giuseppe le había dejado—. Ya sabía yo que tu vista era perspicaz y tu brazo certero.

La carta de Rotoli solo contenía esta línea de su mano:

«Estaré a las siete en el paraje que me indicáis.»

Espatolino miró su reloj.

—Son las cinco —dijo—. ¡Aún hay que aguardar dos horas!

Paseose agitado por el aposento; se asomó a un balcón para respirar la brisa de la tarde, porque sus fauces estaban secas; luego se puso al cinto su puñal y un par de pistolas, y esperó junto a la cama de su mujer el momento oportuno de acudir a la cita.

A las seis estaba ya la tarde bastante oscura. Las sombras de la noche iban descendiendo rápidamente; pero el cielo continuaba despejado y el tiempo apacible.

El bandido imprimió un largo beso en la frente de su esposa; ordenó a Pietro que no se apartase de su cabecera; salió de la casa del Silenzioso, y montando en su alazán tomó a paso igual el camino de Roma.

Tenía que andar tres millas y media para llegar al paraje de la cita; pero aquella distancia era nada para Vento rapido, cuya impaciencia moderaba trabajosamente su dueño, obligándole a mantenerse en un trote reposado.

La Luna, que estaba en sus primeros días, no tardó en ostentar su semicírculo luminoso sobre el azul sereno del firmamento. Aquella claridad débil y melancólica cobraba cierto carácter fantástico e indefinible al alumbrar las ruinas de los sepulcros, que abundan en la ruta de Gensano a Roma.

¡Pensamiento extraño y grave era el de los antiguos, al decorar los caminos con monumentos mortuorios!...

Ninguna impresión triste y solemne es comparable a la que produce la vista de aquellas tumbas, alumbradas por la Luna, cuyos pálidos resplandores reflejan en los mármoles en que parecen dibujar sombras vagas y vaporosas.

Aquellas líneas arquitectónicas; aquellas pilastras que ha mutilado el tiempo; aquellas inscripciones borradas; aquellas alegorías que son ya incomprensibles... todo en fin, en lo que resta de aquellos suntuosos templos de la muerte, produce en el ánimo un sentimiento profundo.

Los últimos momentos del orgullo humano se presentan allí en ruinas; parece que el ángel de la destrucción tremola su fúnebre bandera sobre los escombros de las mismas obras que le fueron consagradas, arrebatando al hombre hasta el triste consuelo de dejar un testimonio de su fragilidad.

Espatolino, abandonando las bridas de su caballo, se entregaba a pensamientos tan severos y lúgubres como los objetos que le rodeaban.

Apartándose un poco del camino real hacia la derecha, se encuentran algunas ruinas mejor conservadas que las otras. Son dos tumbas circulares que debieron de ser suntuosas. En la época de nuestra historia todavía se veían en una de ellas dos bellas estatuas, representando al tiempo en la actitud de descargar su hoz, y al genio de los recuerdos recogiendo sus despejos. El tiempo había destruido la cabeza de su propia imagen, y al genio de los recuerdos le faltaban ya las manos.

Aquél era el paraje designado por Espatolino a Rotoli, y bajándose del caballo que ató al tronco de una columna mutilada, sentose en un pedestal vacío y tendió una mirada triste a su alrededor.

En presencia de tantos símbolos de la muerte, de tantos testimonios de la miseria humana, preguntábase a sí mismo el bandido, si merecía odio y venganza un ser frágil y pasajero; si no era un espectáculo lastimoso y risible ver al hombre en lucha con el hombre.

El galope compasado de un caballo que evidentemente se iba acercando le sacó de sus pensamientos. Púsose en pie y llevó la mano a una de las pistolas que tenía en el cinto. El caballo se paró; el jinete, echando pie a tierra, se adelantó solo hacia las ruinas, y un búho dejó oír en el mismo instante su fatídica voz.

—¡Pájaro maldito! —dijo estremeciéndose el bandolero—. ¿Siempre me has de perseguir?

—¿Quién va? —preguntó luego al hombre que se acercaba.

—Angelo Rotoli —respondió la conocida voz del esbirro.

Espatolino tendió en cuanto alcanzaba su vista una mirada recelosa; pero nada descubrió: Angelo venía verdaderamente solo.

Calmado su primer impulso de desconfianza, adelantose el bandido a encontrar el agente.

—Bienvenido seáis, señor Rotoli —le dijo tendiéndole la mano.

Apretósela cordialmente éste, y fue a sentarse sin ceremonia sobre un trozo de ruinas. El bandolero volvió a mirar a todos lados, prestando al mismo tiempo la mayor atención; pero el silencio y la soledad eran igualmente profundos.

—Ya veis la exactitud con que acudo a vuestro llamamiento —dijo Rotoli—, y con ello os doy una prueba notoria del interés que tomo en vuestra suerte, y de la sinceridad con que os he perdonado. Sois marido de mi perla, y tal título os concede un derecho a mi cariño, que halla por otra parte sobrado apoyo en los recuerdos que conservo de la buena amistad que en tiempos no remotos os he merecido.

—Y que os profeso aún, señor Angelo —respondió Espatolino—. El amor me condujo a una acción de la que sin duda podéis justísimamente reconvenirme; pero estoy dispuesto a repararla con cuanto alcance mi entendimiento o vos me indiquéis.

—Os creo; sois mejor de lo que opina el vulgo —repuso el agente—; pero hablemos de vuestro asunto. ¿Habéis reflexionado en lo que exige de vos el Gobierno?

—Solo quisiera saber si accediendo a sus deseos tengo seguro mi indulto.

—Tan seguro que más no puede ser —dijo el agente—. ¡Así me asegurasen a mí la gloria eterna! Tengo la palabra de honor de personas muy respetables; me consta que el Gobierno ha discutido con detención este negocio, y que se ha determinado solemnemente concederos el perdón, con tal que os prestaseis al servicio que reclama de vos.

—Si se trata de capturar toda la banda de que he sido jefe —observó Espatolino—, os juro que no me es posible, aun cuando quiera, satisfacer al Gobierno. Mi gente está diseminada, y solo puedo entregar a los individuos que se hallen conmigo.

—¿Pensáis que no había previsto eso mismo? —replicó Angelo—. Cuando se me habló de la condición aneja a vuestro indulto, hice observar que rara vez teníais junta toda vuestra gente, y que os sería difícil conseguirlo de pronto y sin despertar sospechas. Hice presente que faltándole vos y haciendo un escarmiento con los pocos que podríais entregar a la justicia, la cuadrilla no tardaría en disolverse, o el Gobierno en aniquilarla. Pesadas mis razones, el Gobierno declaró que vuestro perdón sería firmado tan luego como estuviesen en poder de la justicia los bandidos que os acompañan, sea cual fuere su número.

—Os advierto, señor Angelo —dijo Espatolino, fijando una mirada escrutadora en los ojos del esbirro—, que si abusando de la fe con que os escucho me hicieseis caer en algún lazo, no gozaríais del triunfo de vuestra traición. Tengo dos pistolas en el cinto y no podríais componeros de manera que os libraseis de una bala al primer indicio de felonía.

Rotoli no se alteró. Su rostro, que alumbraba la Luna, tenía más pronunciada que de costumbre aquella su expresión zalamera y taimada. Riose de los recelos que expresaba su interlocutor y dijo en tono festivo:

—Muy ducho habría de ser el que pudiera pegárosla; sois zorro viejo, amigo Espatolino, y hartas veces me lo habéis probado.

La serenidad de Angelo disipó la desconfianza del bandolero.

—Os he juzgado mal —dijo con un aire de franqueza y sinceridad que hasta entonces no había tenido—. Seamos amigos, señor Angelo.

—De todo corazón, sobrino... porque lo sois ya: sois mi sobrino, mal que me pese. En fin, ya no hay remedio, y espero que haréis dichosa a mi perla, puesto que os resolvéis a ser hombre de bien.

—¡Ah, sí! —exclamó con exaltación Espatolino—, será dichosa, no lo dudéis; y vos también, señor Angelo, y mi hijo... porque soy padre... sí, amigo mío, ¡soy padre! Todos seréis felices, pues tal es mi voluntad, tal mi única ambición, y el interés absoluto y exclusivo de mi vida. Para vosotros mis riquezas, mi corazón, mi alma... ¡todo! No habrá cosa que no emprenda, ni sacrificios que no haga para aseguraros una existencia feliz.

Angelo se sintió turbado... más aún, se sintió enternecido. En honor de la humanidad es preciso confesar que no existe alma tan encallecida que no tenga todavía algunos puntos sensibles a las emociones generosas.

Reinó un instante de recíproco silencio, que rompió Espatolino diciendo:

—¡Ea, pues!, no hay tiempo que perder; acudid a la justicia de Gensano; no faltarán treinta hombres en el pueblo que se pongan a vuestra disposición, y digo treinta, porque aunque mis camaradas no llegan a quince, cada uno de ellos vale por dos paisanos, aun estando sin armas y borrachos, como espero que estarán.

El recuerdo que hacía del valor de sus compañeros arrancó un suspiro al bandolero, y murmuró con amargura aquella exclamación, que con tanta frecuencia se le venía a la boca desde que supo el pérfido complot tramado contra él: «¡Traditori!».

—Es inútil molestar a la gente pacífica del lugar —respondió Rotoli poniéndose en pie—. Comprendí por vuestra cita que estabais dispuesto a aceptar la condición del Gobierno, y para evitar entorpecimientos traje conmigo una manga de gendarmes. No sería yo, por cierto, quien se atreviese a acometer a vuestros leoncitos con paisanos cobardes, que tiemblan a la sola vista de sus bigotes. He venido aquí solo, para daros una prueba de confianza a vuestras órdenes; pero si no tenéis inconveniente llamaré a la tropa que se ha quedado a alguna distancia esperándome.

Despertose de nuevo la desconfianza de Espatolino, y asiendo con su férrea mano un brazo del esbirro:

—Pensad en lo que os dije —exclamó—, vuestra vida responde de mi seguridad.

—Dejaos de amenazas tontas —dijo con impaciencia Angelo—. Si tenéis miedo de los gendarmes, ¿hay más que no llamarlos? Encargaos vos de capturar a vuestra gente y mandadla entregar con quien mejor os parezca, puesto que os merezco menos confianza que cualquier otro.

Soltole el brazo Espatolino, y casi avergonzado de unos recelos que no tenían aún fundamento alguno, dijo:

—¡Perdonadme!, los hombres me han abierto esta llaga incurable en el corazón; esta triste desconfianza es una enfermedad del alma, de la que soy deudor a ellos. Llamad, señor Angelo, a los gendarmes.

—Juradme antes que no volveréis a sospechar de mí; de otro modo no los llamaré a fe mía. Conozco vuestro genio de pólvora, y si tuvierais el antojo de imaginar que os engañaba, me regalaríais una bala con la frescura del mundo. Os digo que vale más que busquéis vos mismo quien os ayude a prender a vuestros hombres, y que mandéis me los entreguen en Gensano, donde esperaré con los gendarmes.

—¿A quién he de buscar? Perdonadme, os repito, señor Angelo; os juro que estoy avergonzado de los temores que os he mostrado, y que confío ciegamente en vuestra lealtad.

—Eso lo decís ahora; apenas os vuelvan los vapores de cavilación que suelen subiros al cerebro, tornaréis a creerme capaz de todas las infamias. Yo os empeño solemnemente mi palabra de honor al aseguraros que nada tenéis que temer,

¿pero qué vale para vos una palabra de honor?... No, amigo Espatolino, os digo seriamente que no quiero tomar a mi cargo esta peligrosa comisión. No estoy tan aburrido de mi vida que la ponga en vuestras manos sujeta a los arrebatos de vuestra loca suspicacia. Id con Dios, y contad conmigo para todo aquello en que pueda serviros mi inutilidad, menos para esto.

—¡Y qué Rotoli!, ¿rehusaréis cumplir las órdenes del Gobierno y vuestras obligaciones? ¿Os entrego a mis compañeros y rehusáis capturarlos?

—Ni el Gobierno ni mi oficio me imponen el deber de dejarme matar por un loco. Loco, sí, Espatolino, loco estáis; pues solo así pudierais pensar que yo tuviese el alma tan negra que hiciese una traición infame al marido de mi Anunziata, ¡mi perla!

—¿Conque solo teméis?...

—Vuestros arrebatos, ya lo he dicho antes. Lleváis una par de pistolas y un puñal; en la menor cosa os figuraríais descubrir un indicio de traición; el miedo os haría ver fantasmas...

—¡El miedo! —interrumpió con desdeñosa sonrisa el bandolero—. ¡Y bien!, tranquilizaos, Rotoli.

Concluyendo estas palabras, disparó al aire entrambas pistolas, y volviéndoselas a colocar con calma en el cinto, añadió:

—Ya estoy completamente a vuestra disposición.

—Tenéis un puñal —dijo el esbirro moviendo la cabeza.

—¡Tomadlo!, ¿estáis ya tranquilo?

—Falta que lo estéis vos; no quiero hacer nada sin que me juréis que tenéis una entera confianza en mi palabra.

—Sí, la tengo, os lo juro. De hombres en quienes confiaba he recibido costosos desengaños; ¿por qué no he de creer que he padecido otro error al juzgaros? Estoy en vuestras manos, señor Angelo, y me entrego sin reservarme ningún recurso.

—No os arrepentiréis —dijo el esbirro, y llevando a sus labios un silbato, que sacó del bolsillo de su chaleco, hizo salir de él un prolongado sonido.

—¡Hola! —dijo Espatolino frunciendo el entrecejo—, ¿teníais convenida con ellos esa señal? ¡Sois muy prudente, señor Angelo!

—¡Y vos muy malicioso, señor Espatolino!, acordaos que me habéis prometido una entera confianza.

—¡Tenéis razón! —dijo con amarga sonrisa el bandido—. ¡Ea! —añadió tirando al aire su sombrero y sacudiendo su cabellera negra y espesa—, ¡cúmplase la suerte! Me entrego a vos, Rotoli, como al inexorable destino.

Un minuto después apareció una gruesa manga de gendarmes y el esbirro dijo volviéndose a Espatolino:

—Cuando gustéis, sobrino.

—Vamos allá —respondió.

Segunda vez volvió a oírse, aunque a mayor distancia, el fúnebre graznido del búho.

—¡Basta, ave de muerte! —dijo con impaciencia el bandolero—. No digas más, que ya te he comprendido.

XIV

Los bandidos se prestaron a celebrar el banquete mandado por Espatolino, no ciertamente porque tuviesen la esperanza de divertirse a costa de su víctima, sino por efecto más bien de un hábito de obediencia a sus órdenes.

Por encallecidos que estuvieran aquellos corazones, la idea de aceptar un obsequio del mismo a quien vendían les causaba cierta repugnancia que solo pudo ser sofocada por los vapores del vino.

Los nómadas selváticos tenían esta notable desventaja respecto a los hombres de la sociedad. Salteadores de los caminos públicos, gente sin ley ni vínculos convencionales, conservaban sin embargo un instinto natural que rechazaba la perfidia. Capaces de todos los crímenes crueles, no podían aceptar la bajeza de la mentira; y sus manos, que se lavaban diariamente en sangre, temblaban al recibir un beneficio espontáneo, de la de un hombre engañado.

En este punto estaban los forajidos, como ya hemos dicho, mucho más atrasados que los hombres de bien. Los vagabundos sin ley hubieran podido tomar lecciones de aquellos individuos civilizados, que para todo tienen una; que profesan principios y proclaman máximas. Ellos les hubieran enseñado a sonreír con halago al amigo a quien se vende, a beber en su copa, a comer en su mesa. Ellos les hubieran mostrado cuánto más seguro es el golpe de la mano cuando fascina un rostro traidor a la desprevenida víctima.

Los hijos de las selvas llamaban cobardía y mentira lo que entre las gentes cultas se determina más decorosamente con el nombre de habilidad y disimulo, porque la ferocidad bien puede ser fruto de instintos brutales que no han recibido ningún género de modificación, y por eso no es extraña entre los hombres incultos; pero solo en la sociedad se encuentra aclimatada la perfidia.

—¡Qué lástima! —decía Roberto llenando por la vigésima vez su ancha copa de plata—, ¡qué lástima que no esté aquí Baleno, para que nos cantase alguna de sus barquerolas sicilianas!... ¿Sabéis, compañeros, que ya tarda demasiado el pobre mozo? ¿Si le habrá echado el guante la justicia?...

—¡Caa!, ¡había la justicia de hacer esa injusticia! ¿Y el bando?, ¿había de desmentir el bando?

—Baleno es un poco ligero de cascos; se habrá encontrado por el camino con alguna chicuela de ojos negros, y a Dios, comisión.

—Esa hipótesis es absurda. El negocio es demasiado importante para que ni todas las chicas del mundo lograsen hacérselo olvidar a Baleno.

—Su tardanza me parece a mí muy natural; la justicia estará tomando sus medidas. ¡Pues qué!, ¿no hay más que llegar y besar el santo?

—Bebamos, pues, a la salud de Baleno, y por el buen éxito de la negociación.

—Tienes un corazón de demonio, Giacomo, ¿te atreverías a hacer semejante brindis?

—¿Y por qué no?

—¿Beberías por la muerte del que nos regala el vino?

—¡Y qué bueno es, camaradas! Otra copa; llenad todos... tú también, melancólico Irta chioma. ¿Qué te parece el vinillo?... Esto es de lo bueno; de lo más escogido de monte Giove.

—¿Por quién se brinda?, ¡acabemos!

—Ya está dicho: por Baleno y por el buen resultado de su comisión.

—Yo no respondo a ese brindis.

—Ni yo.

—Ni yo

—¡Ni nadie, voto al diablo!... ¿Qué necesidad tenemos de acordarnos ahora de este negocio? Lo hecho hecho; pero que no se mencione aquí.

—¡Bien dicho, Fulmine!, sería una infamia hacer con el vino de Espatolino un brindis por su sangre. ¡Pobre capitán!

—¡Ea!, cuidado con nombrar así al criminal. Nosotros no somos capaces de entregar a nuestro capitán; antes de proceder a esa... a esa... justicia, le habremos degradado de su rango.

—Él lo ignora.

—¡Es verdad!, bien a pesar mío se sigue tan mal sistema. Valía más haberle dicho claramente: «Has delinquido y vamos a castigarte».

—Se hubiera escapado.

—No; porque para eso hay cadenas y grillos.

—¡Cadenas y grillos!... ¡A Espatolino! Que haga eso la justicia; lo que es yo jamás me hubiera atrevido a poner las manos sobre él.

—Tiene razón Irta chioma. ¿Quién había de tener alma para aprisionar a Espatolino? ¡Camaradas!, yo fui de los primeros que voté en su contra; pero no puedo menos de confesar que ha sido un valiente.

—¡Eso quién lo niega, voto a Judas!, yo, Roberto il Fulmine, arrancaría la lengua que tanto se atreviese.

—Que era valiente es indudable; pero... no quisiera aventurar una acusación, aunque tengo datos en que apoyarla.

—¡Di, di, Giacomo! —exclamaron a la vez todos los bandidos.

—Oyes, tú, el de la cabecera de la mesa, dame ese plato de ternera. Pues bien, decía que no cabe duda respecto al valor del que ha sido nuestro jefe; pero que es reo de un delito que merece cien veces la muerte.

—¡Quién lo duda!, ¿pues no ha de ser delito tenernos días y días mano sobre mano; anunciarnos grandes empresas, y venir a parar tanta bambolla en hacernos correr tras una mozuela?

—Pues digo que no es ese su mayor crimen.

—¡Cómo!, ¿has descubierto algún otro, Giacomo?

—¡Amigos!, tengo por tan cierto que Espatolino no cree en Dios ni en la Madonna, como dos y dos son cuatro.

—¡No cree en Dios ni en la Madonna! —gritaron con horror los bandidos.

—¡Escuchadme!, por más que procurase fascinarnos reservando lo mejor del botín para nuestra divina Protectora, le he visto reírse con disimulo de nuestra devoción, y en cierto día... no sé cómo decirlo, camaradas.

—Habla, Giacomo, habla sin empacho.

—Es que la cosa es horrible. En fin, lo diré pidiendo perdón a la Santísima Madre de Dios por las palabras que voy a proferir. Un día en que se enojó conmigo me tiró una imagen de la divina Señora, y cuando se la devolví haciéndole observar su desacato, dijo... ¡es un judío, camaradas!... dijo una cosa impía contra aquella efigie sagrada.

—Giacomo, si eso es verdad, tienes razón en decir que merece cien muertes.

—¡Es un sacrílego!... Amigos, hacemos un bien a su alma en proporcionarle morir ahorcado. Esa muerte atroz le servirá de expiación y podrá entrar en el cielo.

—Es verdad, Roberto. ¿Quién había de imaginar que Espatolino no creyese en Dios?

—¡Haber tenido por jefe a un impío!... Amigos, ahora me admiro de que hayamos salido con bien de nuestras empresas.

—Eso porque la Madonna procuraba por tales medios atraerle al buen camino. La fortuna que le concedía era un llamamiento a su corazón.

—¡Ingrato!, ¡y no creía en ella!

—Pues lo que es yo, tengo para mí que su fortuna no venía de arriba. Que me asen en unas parrillas como a San Lorenzo, si el diablo no tenía su parte en ella.

—¡El diablo!... ¡que el bienaventurado San Giovanni tenga piedad de nosotros!

—Giacomo, no hables más de esas cosas. Mira qué pernil tan apetitoso. ¡Comamos y bebamos, camaradas!

—¡Sea!, ¡brindemos por la castísima Madonna!

—Brindemos.

—Ahora por los pobres extranjeros que matamos a la entrada de Nettuno.

—Deja en paz a los muertos. Bebamos por Occhio linceo, que enfermó anoche y salió esta mañana para consultar un médico.

—¡Ca!, tan enfermo está como yo. Se escapó porque no quería ser de los indultados.

—Decid más bien de los traidores.

—¡Irta chioma!

—No hay que hacerle caso; ¿no veis cómo le bailan los ojos? Está borracho.

—Señores, ahora que me acuerdo, ¿no brindaremos por la persona en cuyo obsequio se celebra la fiesta?

—¿Por la mujer de Espatolino?

—Es claro.

—¿Qué inconveniente hay? ¡Bebamos! Basta con castigar al marido de las faltas en que ha incurrido por amor a ella.

—¿Y por quién mejor pudiéramos vaciar una copa? —dijo Irta chioma—. Es hermosa como una tarde de otoño.

—¡Ja!, ¡ja!, ¡sublime comparación!

—Es exacta, Roberto, por más que te burles. La mujer del pobre Espatolino estaba en su balcón ayer tarde, y me chocó la semejanza que noté entre aquellas dos cosas tan diferentes en la apariencia: ¡la tarde y la mujer! Pero ambas eran bellas, pálidas y tristes. La hermosura de la joven parecía tan marchita como la vegetación del otoño; y su mirada tibia, dulce y melancólica, como la luz de la tarde.

—Compañeros, está visto que Irta chioma ha de venir a parar en poeta.

—Es que está enamorado como un tonto.

—Lo mismo da; pero escucha, pastor fido; tú, más que ninguno, puedes sacar utilidad de lo que llamas traición. Anunziata quedará viuda... ya me entiendes.

—¡Y qué! Se me antoja que esa chica es del número de aquéllas que cuando se encaprichan por uno no hay que pensar en sacar partido de ellas. ¡Además, lo que yo siento es una cosa tan particular!... Algunas veces cuando la veo me dan tentaciones de ponerme de rodillas y besar sus pies; pero... ¡cosa rara!, no sé si tendría placer en darla un beso en los labios.

—Eso se llama un amor respetuoso; bebamos por el castísimo Irta chioma.

—¡Bebamos!

El diálogo de los bandidos giró desde aquel momento sobre cosas de tal naturaleza, que no nos permite la decencia repetir ni imitar su lenguaje; los vapores del vino exaltaban más y más sus cerebros, y la francachela iba tomando un carácter verdaderamente bacanal, cuando un silbido agudo y prolongado se dejó oír del otro lado de la puerta, que estaba cerrada por dentro.

—¿Quién? —exclamaron a la vez cinco o seis voces, alteradas por la bebida.

—Espatolino —respondió el conocido acento del capitán.

—¡Espatolino! —repitieron los bandoleros poniéndose en pie por un antiguo hábito de respeto.

—Ea, señores —dijo Giacomo—, no hay que hacer adulaciones: es un igual; sentémonos y que uno solo vaya a abrirle.

—¡Yo! —exclamó Irta chioma, que era el menos borracho, y encaminándose a la puerta volvieron los otros a sentarse.

Entró Espatolino; su rostro estaba extremadamente pálido; nada indicaba en su aspecto que aquel hombre de pasiones implacables, se saborease con el triunfo de su venganza.

Adelantose hacia la mesa con aire casi despavorido, y Roberto le dijo:

—¡He aquí tu copa, camarada!, propón el brindis que quieras, con tal que no sea uno de los que me anunciaste esta mañana. Querías beber por tus amigos leales; pero nadie puede saber si los tiene... piensa otro brindis y te haremos la razón.

—¡Bien! —dijo Espatolino con acento lúgubre—, bebo por los traidores, porque creo que hay aquí más de los que vuestra conciencia delata.

En el mismo instante llenose la sala de gendarmes, que cayeron sobre los bandidos antes de que hubieran tenido tiempo para moverse.

Al verlos Espatolino como buitres encima de su presa, al oír los furiosos clamores de sus camaradas, una sensación dolorosa le obligó a apartar los ojos de aquel espectáculo, y quiso alejarse algunos pasos. ¡En vano!, sintiose al punto asido fuertemente por entrambos brazos, y viéndose desarmado conoció que era inútil la resistencia.

Los gendarmes le aseguraron sin demora con gruesas cuerdas, y buscando con los ojos a Rotoli viole Espatolino frente a frente de él, con aquella sonrisa satánica, única expresión de su odio satisfecho.

—¡He aquí lo que significa la palabra de honor de un esbirro! —dijo lanzándole una mirada de profundo desprecio.

—Nada temáis —respondió con impavidez Rotoli—, ésta es una mera ceremonia y mañana estaréis libre.

Desapareció apenas pronunció estas palabras, y los gendarmes comenzaron a sacar a sus víctimas, obligándolas a andar con brutales empellones.

Para evitar igual ultraje, apresurose Espatolino a dejar la estancia, acompañado de los numerosos gendarmes que le cercaban, y a los que rogó cortésmente procurasen no causar mucho ruido para que su mujer ignorase, si era posible, aquel infausto acontecimiento.

Los gendarmes solo respondieron con groseras burlas; pero escuchose la voz de Rotoli que decía:

—No os inquietéis por vuestra esposa, señor Espatolino, que ya he dado mis disposiciones respecto a ella.

Venciendo el bandido su repugnancia, le dio gracias y aun pudo añadir:

—Creo, señor Angelo, que con ella no seréis inhumano: está enferma y es vuestra sobrina... tened piedad de la desgraciada y... os perdonaré vuestra traición.

—Ni con ella ni con vos haré otra cosa que lo que mi conciencia me dicte —respondió sonriendo el esbirro.

Algunos gemidos lamentables llegaron al punto mismo a los oídos de Espatolino, y dirigiendo su mirada ansiosa hacia el paraje de donde salían, distinguió a Anunziata medio desnuda, desmelenada, en medio de seis gendarmes. ¡Aquél fue sin duda su dolor supremo!

Rugidos que en nada se asemejaban al humano acento salieron entonces de su pecho, y haciendo desesperados esfuerzos intentó romper sus ligaduras ¡pero fue en balde!, solo consiguió ensangrentar sus brazos y agotar sus fuerzas. Cansado de insultar a Rotoli y a los gendarmes, de prodigar blasfemias y maldiciones, de pedir la muerte y de revolverse furioso entre las cuerdas que le sujetaban, recurrió por último a las súplicas. Aquella alma soberbia era capaz hasta de humildad, por amor a Anunziata.

—¡Señor Angelo! —dijo—, bastante tenéis con mi muerte; compadeced a esa débil criatura. ¡Es madre!, yo os imploro a favor de un inocente que comienza a vivir en su seno. Saciad en mí vuestro odio: hacedme sufrir los martirios más horrorosos... ¡todo lo merezco!, ¡pero ella!... ¡ella no es culpable!... yo la seduje... yo la arranqué violentamente de vuestra casa... ¡es vuestra sangre! Tened lástima de ella en memoria de su madre: ¡de vuestra hermana!

Mientras esto decía presentaron a Pietro, al Silencioso y a su mujer; el hijo tuvo la fortuna de evadirse.

—Aseguradlos bien —dijo Angelo—, sobre todo a ese perillán, que ya una vez ha dado chasco al verdugo; pero ahora no se escapará.

Tomadas las necesarias disposiciones para la seguridad de los presos, pusiéronse todos en marcha. Subió Angelo a la grupa del caballo en que colocaron a su sobrina, y tomó la delantera a galope.

Los bandoleros exhalaban mil denuestos contra la justicia, a la que acusaban de traidora, pues semiborrachos y atolondrados por la violencia de la agresión, no habían comprendido la parte que tenía en ella Espatolino.

Éste era el único que parecía tranquilo; a sus pasados furores había sucedido la triste calma de la desesperación.

Comprendiendo que ninguna esperanza le quedaba; que eran inútiles todos los esfuerzos humanos para alcanzar merced ninguna del corazón de hiena del esbirro, resolvió soportar con valor su destino. Poco le hubiera costado encontrar firmeza en su alma si solo la necesitase para sufrir la muerte; otro era el dolor contra el cual tenía que armarse de todo su esfuerzo; los padecimientos de su esposa, y no su suerte propia, le atormentaban, y reunía toda su constancia para sobrellevar sin debilidad aquella terrible prueba.

Los presos y sus guardias entraron en Roma la tarde del siguiente día, y aquella misma noche fue nombrada la comisión que debía instruir el sumario.

Todos los bandidos, incluso el Silencioso y su mujer, fueron asegurados en estrechos calabozos, doblando el número de las acostumbradas guardias (tanto temía la justicia que pudiera escapársele su presa); solamente Anunziata se libró de la cárcel, por haber hecho valer Angelo el estado delicado de su salud, y saliendo por fiador obtuvo la gracia de que la señalasen por prisión su propia casa. Por duro que fuese el corazón del esbirro, el lastimoso estado en que se hallaba la desgraciada criatura consiguió despertar en él sentimientos de compasión, y empleó todos los medios posibles para proporcionarle algún alivio.

XV

Con no pequeño disgusto comenzamos a escribir este último capítulo de nuestra historia, pues creyendo firmemente que todos nuestros lectores están dotados de una sensibilidad exquisita, de buena gana nos excusaríamos de presentar a su vista el triste cuadro final de la vida del bandolero, si no nos retrajese del cumplimiento de tan laudable deseo el no infundado temor de que algún aristarco nos echase en cara, como culpa de pereza o de imperdonable olvido, el dejar sin conclusión nuestra obra.

No detendremos, sin embargo, la atención de las amables personas que se dignan prestárnosla, en los pormenores de un proceso criminal cuyo resultado nos sería imposible representarles como dudoso; diremos solamente que transcurrieron muchas semanas antes de que el sumario se diese por concluido, y que ya el pueblo de Roma comenzaba a impacientarse de su larga expectativa, cuando supo por fin que la causa pasaba al tribunal que debía fallarla, y que en la mañana siguiente se abriría la audiencia.

Un gentío inmenso se agolpó en el recinto destinado a los espectadores, dos horas antes de que se presentasen los jueces y los reos. La funesta celebridad de Espatolino y las circunstancias particulares de su captura, excitaban en el mayor grado la curiosidad general.

El horror que inspiraba aquel bandido famoso, cuyas criminales proezas coronó por tanto tiempo la fortuna, y la alegría que todos debían experimentar al ver libre al país de tan terrible azote, no eran obstáculo para que las almas delicadas execrasen la alevosía de Rotoli compadeciendo a la víctima. Las mujeres, especialmente, mostraban por el capitán de bandoleros un interés más generoso que racional.

—Acaso estaba arrepentido de veras —decían—; acaso hubiera sido un hombre de bien en lo sucesivo; porque se asegura que está casado con una muchacha muy linda y bondadosa, y que desde que realizó dicha unión hubo en su carácter una mudanza tan rápida como loable.

Aquella conversión, obrada por el amor, no podía menos de encontrar grandes simpatías en el hermoso sexo. Se inventaron en su consecuencia mil causas extraordinarias a los más atroces crímenes de Espatolino; se aglomeraron circunstancias atenuantes, y se divulgaron innumerables novelas patéticas y absurdas, para justificar el interés que les inspiraba; sin que tantos esfuerzos de la imaginación alcanzasen, sin embargo, a forjar una historia tan triste y tan terrible como la verdadera del bandido.

Exaltados los cerebros femeniles con los lindos poemas que ellos mismos engendraban y producían, divulgaban rápidamente sentimientos favorables al reo, y no sabemos hasta qué punto hubiera influido la indulgencia fervorosa de las bellas romanas sobre la opinión general, si algunos hombres reflexivos y severos no hubiesen cuidado de oponer un antídoto haciendo cundir la natural observación de que aquella deplorable víctima de la traición de Rotoli, era culpable de otra más negra todavía; pues había intentado comprar su indulto a precio de la sangre de sus compañeros.

Las mujeres tienen un instinto prodigioso de rectitud, y saben distinguir admirablemente los crímenes de las bajezas. Con los primeros son rara vez severas, porque siempre encuentran en ellos algo de terrible y grandioso, que enciende su imaginación y fascina su juicio; pero para las segundas no hay jueces más inexorables.

Por desgracia de Espatolino eran completamente ignoradas las circunstancias que disculpaban su traición, y la no-

ticia de aquella culpa pleveya y repugnante, produjo una re-
acción instantánea en el espíritu de sus amables protectoras.

El proceso, no obstante, continuaba siendo el objeto de
todas las conversaciones, así de las que se suscitaban en los
palacios, como de las que se entablaban en las tabernas. Fija
tenazmente la atención del público en el célebre forajido,
cuya sentencia iba a pronunciarse, no se admirará el lector
de que fuese numerosa la concurrencia en el salón del tribunal la mañana en que debía verificarse el juicio.

La premura con que acudieron los curiosos de ambos se-
xos a tomar localidades cómodas les sujetó a dos horas de
espera, y los sordos murmullos producidos por diferentes
diálogos a sotto voce, no fueron acallados hasta el instante
en que abriéndose las puertas de la sala, comparecieron al
mismo tiempo los jueces y los reos.

Al acrecentamiento de ruido que produjo por de pronto el
simultáneo movimiento del concurso, siguió inmediatamente un silencio profundo, y todas las miradas se dirigieron
hacia los delincuentes, que se presentaban por primera vez
en espectáculo a la curiosidad pública.

Ocupaban el triste banco los bandidos, resto de la fracción que mantenía el capitán a sus órdenes inmediatas, y
estaban además il Silenzioso, su mujer y Pietro; Rotoli había conseguido eximir por entonces a su sobrina, alegando
su grave dolencia. Espatolino se había sentado en un extremo del banco y Roberto en el otro, mostrándose ambos
serenos, imperturbables, bien diferentes de los demás reos,
notablemente abatidos y flacos por algunos meses de encar-
celamiento.

Los que habían conocido a Espatolino antes de aquel triste período de su vida, echaron de ver que los surcos de su
rostro eran más numerosos y profundos, y que algunas he-
bras de plata matizaban su negra cabellera; pero no alteraba

ninguna nube la grave serenidad de su frente, y su mirada tenía, como de costumbre, una tristeza desdeñosa y fiera.

Al recorrer con la vista la inmensa reunión descubrió a Rotoli, que había sido elevado al rango de comisario de policía en premio de sus últimos servicios, y que escuchaba en aquel momento las felicitaciones de algunos de sus amigos. Un ligero temblor contrajo los labios del bandido; pero supo dominar rápidamente su emoción, y despejando sus sienes de algunos bucles que se habían deslizado hasta sus mejillas, volvió su atrevida mirada hacia el tribunal que acababa de constituirse.

Leído que fue el sumario púsose en pie con ademán imperioso, y dijo encarándose a los jueces:

—Señores, sé muy bien que todo está probado y que ninguna esperanza me resta. Tuve la imbecilidad de fiarme de la palabra de honor de un esbirro, y es justo que sufra las consecuencias. Deseo únicamente ilustrar al tribunal evitándole involuntarias injusticias, porque aquí somos varios acusados; pero no todos en igual grado delincuentes.

Volvió a sentarse concluido este breve discurso, y habiendo comparecido algunos testigos que depusieron contra él, los escuchó con admirable calma, rectificando las inexactitudes en que incurrían.

Confesó plenamente sus delitos, que especificó con horribles detalles, notándose que ponía particular empeño en disminuir la culpabilidad de algunos de sus camaradas, e interesándose mayormente por Pietro, cuya inocencia proclamó con esfuerzo.

Su serenidad y atrevimiento tenían absorto al auditorio; sus frecuentes arengas, rápidas, vivas y enérgicas, eran oídas con sorpresa por los mismos jueces; pero solo cuando llegó la oportunidad de hablar en favor de su desgraciada esposa, comprendida injustamente en el proceso, solo entonces fue cuando desplegó en toda su extensión y fuerza aquel género de elocuencia brusca y fulminante, cuyo recuerdo conservaron por mucho tiempo todos los que entonces la admiraron.

Su rostro, su voz y su ademán adquirieron de súbito una gravedad imponente, y las reglas oratorias se quedaron muy inferiores a aquella peroración improvisada, incorrecta, áspera, pero fascinadora por el entusiasmo de una convicción irresistible.

Suspendiose la sesión, ya muy adelantada la tarde, sin que el curioso auditorio hubiese alcanzado a comprender el resultado que producirían los alegatos del reo principal; pero la siguiente y seis más, que se emplearon en la vista de la causa, dieron suficiente alimento a la novelería de la multitud.

En todas aquellas largas sesiones sostuvo Espatolino la misma tranquilidad y osadía que en la primera había manifestado, constante también en el decidido empeño de salvar a su mujer y a algunos de sus camaradas.

Faltaba únicamente, para que el drama representado ante el público llegase al mayor grado de interés, que hiciese compañía a los salteadores en el ignominioso banco una mujer joven y casi moribunda, aquel complemento del cuadro no se esperó en balde, pues todos los esfuerzos de Rotoli no bastaron para impedir que se hiciese comparecer a Anunziata en la última sesión.

Notable efecto causó en el concurso la aparición de aquella infeliz, flaca, decaída, azorada; pero interesante por el estado ya bastante evidente en que se hallaba, y por un aire de bondad de que no acertaron a privarla todos sus padecimientos. Pero ¿quién intentará la pintura de aquella escena muda y dolorosa de que fue testigo una multitud ávida de sensaciones y actores lamentables Espatolino y su esposa?

Por primera vez después de cinco meses de separación volvieron a verse aquellos dos desdichados: ¡y en qué sitio y en qué circunstancias!; fue la más difícil prueba de que salió triunfante la entereza del bandido; mas ella, la débil criatura, abatida por una larga enfermedad, sucumbió a su pesar, y estuvo por algunos minutos desmayada.

Mientras se le prestaban los necesarios auxilios, lívido y desencajado Espatolino clavábase las uñas en el pecho, con una crispatura nerviosa que en breve se hizo sentir en todo su cuerpo... pero apartó los ojos de la interesante víctima y sin proferir una palabra, sin hacer un gesto, devoró en silencio aquella suprema angustia.

Cuando recobró Anunziata los sentidos y se tomó su declaración, que fue inconexa y contradictoria, se la permitió retirarse, lo que ejecutó apresurada y casi despavorida, lanzando sobre su marido una mirada delirante.

Sofocando con trabajo tantas emociones crueles pidió éste por última vez la palabra, y después de repetir la más vehemente defensa a favor de su esposa, reclamó como única gracia se le concediese una hora de secreta conversación con aquella desgraciada.

El tribunal estuvo acorde en prometérsela, y procediendo enseguida al fallo de la causa se pronunció la sentencia definitiva. La expectación del público no podía ser dudosa respecto a Espatolino, y todo el interés se fijó en Anunziata, cuya suerte se anhelaba conocer. La ansiedad no fue por cierto larga, pues en la misma tarde a cada uno de los comprendidos en el proceso le fue notificada su sentencia, y una hoja volante satisfizo completamente, algunas horas después, la curiosidad general.

Espatolino y diez de sus compañeros fueron condenados a muerte. Irta chioma, Pietro, il Silenzioso, y otros dos bandidos a presidio, los unos por diez los otros por veinte años; la mujer de Silenzioso y Anunziata a cuatro de reclusión.

Luego que entró en capilla nuestro protagonista mandó recordar a los jueces la promesa que le habían hecho, reclamando su cumplimiento. En efecto, la noche postrera de su vida vio abrirse la puerta del calabozo para dar entrada a su esposa.

Su largo vestido negro contrastaba con la blancura mate de su semblante, que a la escasa luz del opaco farolillo, único alumbrado de aquel lúgubre recinto, presentaba un cierto brillo frío e inalterable como el del mármol. Sus pasos eran rápidos a pesar de la flaqueza que se advertía en su ademán; y sus grandes ojos pardos tenían una expresión extraordinaria.

—¡Y bien! —dijo sentándose en las pajas que servían de lecho al reo—. ¡Heme aquí!, dicen que me llamas y he venido.

Espatolino se puso de rodillas, y antes de que pudiese articular un acento desahogose su oprimido pecho con un diluvio de lágrimas.

—¿Por qué lloras? —le dijo su mujer sonriendo con melancólica dulzura—. ¿Desconfías de mi perdón?, ¿dudas de mis promesas?

Sin darse a sí mismo la explicación de aquellas palabras respondió con ahogada voz el infeliz:

—Solo me aflige tu suerte y la de mi pobre hijo.

—¡Tu hijo!... —repuso ella con aspecto grave—, ¡te comprendo!, pídeme lo que quieras.

Procurando calmar su dolor hablola entonces Espatolino de las grandes riquezas que tenía enterradas en determinados sitios; diole gracias con efusión por los días de felicidad que le había proporcionado con su ternura, y la pidió perdón por los pesares que la había ocasionado, animándola al mismo tiempo a soportar con resignación aquél más terrible, aunque postrero, que le causaría su ignominiosa muerte. En nada empero se extendió con tan dolorosa complacencia como en las instrucciones que quiso dejarla para la educación de su hijo: nombre que jamás pudo proferir sin acompañarle con lágrimas.

Escuchole Anunziata con atento silencio y sin dar la menor muestra de flaqueza. Aquella calma inesperada comenzó a inquietar a Espatolino.

—¡Háblame! —le dijo fijando en los de la joven sus ojos solícitos—, háblame, Anunziata, pues es la última vez que podré escucharte.

Ella habló en efecto... ¡habló mucho!, ¡habló demasiado! Desde sus primeras palabras descubrió Espatolino una verdad bien amarga. ¡Desdichado pecador!, ¡¡¡aquel momento era bastante expiación de toda una existencia!!!

A las once de la mañana del día que siguió a aquella noche de inconcebibles sufrimientos para Espatolino, el coronel Arturo de Dainville se hallaba solo, pensativo, en un elegante gabinete de su espaciosa habitación. Muchos minutos había permanecido inmóvil y sin dar otras señales de vida que algunos suspiros sofocados, cuando una puerta se entreabrió lentamente, y vio asomar por ella la zalamera cara del nuevo comisario.

Estremeciose el joven militar, y desvió los ojos con un gesto de repugnancia.

—No se enfade su excelencia —dijo con melosa voz Angelo Rotoli—. No vengo más que a deciros cómo ya queda felizmente terminado el negocio. Los perillanes han muerto como verdaderos cristianos; pero él como

un hereje consumado. No ha querido confesarse, ni aun siquiera ver al sacerdote, y en el mismo lugar del suplicio, de donde vengo, dijo que solo se arrepentía de salir del mundo sin haberse bebido mi sangre. ¿Qué le parece a vuestra excelencia la contrición del maldito?... Pero murió con valor... ¡eso sí!, es menester ser justos.

—¡Basta! —dijo con desabrimiento el coronel—. La Italia queda libre de algunos de los malvados que infestaban su suelo; pero aún restan muchos, y vos sois el mayor de ellos.

—Vuestra excelencia se chancea —repuso Angelo sonriendo con desvergüenza—. En fin, lo que ahora deseo es que os dignéis darme vuestras órdenes respecto a la chica.

—¡Miserable! —exclamó el joven mirándole con desprecio—. ¿Entraba en vuestros cálculos infernales que fuese yo consolador de la viuda del bandido?

—No lo digo por tanto, ilustre caballero, sino que como sois tan compasivo y generoso, espero que interpongáis vuestro crédito a fin de que se exima de la reclusión a la pobre muchacha, y se la conceda una plaza en el establecimiento que le corresponde.

—¿Pues en dónde diablos queréis colocarla? —preguntó con aspereza Arturo.

—Donde la corresponde estar, os he dicho, señor excelentísimo: esto es, en el hospital de Orates.

—¿Está loca?

—Y es una dicha para ella, carísimo coronel, pues le ha dado la manía de creerse reina. Está muy satisfecha por haber podido con sus augustos derechos firmar el indulto de Espatolino, al cual supone ya muy dichoso en un pintoresco retiro con su esposa y su hijo. ¡Es una demencia bien extraordinaria! ¿Creeréis que anoche estuvo en el calabozo del reo, que le vio, le oyó, y sin embargo no se le vino al pensamiento la sospecha de ser su mujer? Hablole como reina a cuya benignidad debía el perdón, y le encargó que hiciese feliz a su esposa, por la cual, dijo, se interesaba mucho su real ánimo. Ha trasformado en palacio de mármol mi humilde morada, y desde allí dicta leyes de clemencia a todo el universo, firma decretos, prodiga indultos, y declara a sus ministros que ha venido a reinar sobre la tierra por providencia del cielo, encargada de la alta misión de reformar a los hombres. Solo un momento malo ha tenido esta mañana, porque se encaprichó en que un pájaro negro le picoteaba los ojos, y le graznaba en los oídos; pero espero que pasará bien el resto del día, pues cuando salí de casa la dejé muy entretenida en discutir con sus consejeros, sobre las ventajas e inconvenientes que ofrecía la abolición de la pena de muerte.

—¡Desdichada! —exclamó enternecido Arturo, y despidiendo con un gesto imperioso al comisario, añadió rápidamente—. Esa pobre demente corre por mi cuenta; pero guardaos de volver a presentaros delante de mí.

Angelo se alejó haciendo humildes reverencias, y al atravesar el umbral de la última puerta lanzó hacia el gabinete en que quedaba el coronel una mirada indescriptible, y murmuró entre dientes:

—¡Mentecato orgulloso!, si por algún capricho de la suerte cayeses en mis manos... ¡entonces sí que sería Rotoli completamente dichoso!

Libros a la carta

A la carta es un servicio especializado para
empresas,
librerías,
bibliotecas,
editoriales
y centros de enseñanza;
y permite confeccionar libros que, por su formato y concepción, sirven a los propósitos más específicos de estas instituciones.

Las empresas nos encargan ediciones personalizadas para marketing editorial o para regalos institucionales. Y los interesados solicitan, a título personal, ediciones antiguas, o no disponibles en el mercado; y las acompañan con notas y comentarios críticos.

Las ediciones tienen como apoyo un libro de estilo con todo tipo de referencias sobre los criterios de tratamiento tipográfico aplicados a nuestros libros que puede ser consultado en Linkgua-ediciones.com.

Red ediciones edita por encargo diferentes versiones de una misma obra con distintos tratamientos ortotipográficos (actualizaciones de carácter divulgativo de un clásico, o versiones estrictamente fieles a la edición original de referencia).

Este servicio de ediciones a la carta le permitirá, si usted se dedica a la enseñanza, tener una forma de hacer pública su interpretación de un texto y, sobre una versión digitalizada «base», usted podrá introducir interpretaciones del texto fuente. Es un tópico que los profesores denuncien en clase los desmanes de una edición, o vayan comentando errores de interpretación de un texto y esta es una solución útil a esa necesidad del mundo académico.

Asimismo publicamos de manera sistemática, en un mismo catálogo, tesis doctorales y actas de congresos académicos, que son distribuidas a través de nuestra Web.

El servicio de «Libros a la carta» funciona de dos formas.

1. Tenemos un fondo de libros digitalizados que usted puede personalizar en tiradas de al menos cinco ejemplares. Estas personalizaciones pueden ser de todo tipo: añadir notas de clase para uso de un grupo de estudiantes, introducir logos corporativos para uso con fines de marketing empresarial, etc. etc.

2. Buscamos libros descatalogados de otras editoriales y los reeditamos en tiradas cortas a petición de un cliente.

www.ingramcontent.com/pod-product-compliance
Lightning Source LLC
Chambersburg PA
CBHW020537030426
42337CB00013B/887